Kurs- und Übungsbuch mit Audios und Videos online

A1.1

Deutsch echt einfach

für Jugendliche

von
Giorgio Motta

bearbeitet von
E. Danuta Machowiak
Silvia Dahmen (Phonetik)
Jan Szurmant (Landeskunde, Zwischenstopps)
Beata Ćwikowska (Videostationen)

Ernst Klett Sprachen
Stuttgart

Zu diesem Buch gibt es Audios und Videos, die mit der Klett-Augmented-App geladen und abgespielt werden können.

   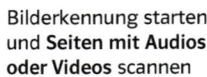 

| Klett-Augmented-App kostenlos downloaden und öffnen | Bilderkennung starten und **Seiten mit Audios oder Videos** scannen | Audios oder Videos laden, direkt nutzen oder speichern |

Scannen Sie diese Seite für weitere Komponenten zu diesem Titel.

1. Auflage   1 $^{6\,5\,4}$ | 2023 22 21

Alle Drucke dieser Auflage sind unverändert und können im Unterricht nebeneinander verwendet werden. Die letzte Zahl bezeichnet das Jahr des Druckes.

Giorgio Motta
© Original Work: Giorgio Motta „DAS – Lehrwerk für Deutsch"
Published by Loescher Editore, Torino (Italia) 2015. All rights reserved.
Editorial coordination: Elena Rivetti

Giorgio Motta
bearbeitet von E. Danuta Machowiak, Silvia Dahmen (Phonetik),
Jan Szurmant (Landeskunde, Zwischenstopps), Beata Ćwikowska (Videostationen)

Deutsch echt einfach
Internationale Ausgabe:
© Ernst Klett Sprachen GmbH, Stuttgart 2016. Alle Rechte vorbehalten.
Internetadresse: www.klett-sprachen.de

Redaktion: Beata Ćwikowska, Michael Krumm (MK Lektorat)
Beratung: Virginia Gil, Seniz Sutcu
Layoutkonzeption: grundmanngestaltung, Karlsruhe
Gestaltung und Satz: grundmanngestaltung, Karlsruhe
Umschlaggestaltung: Annette Siegel
Illustrationen: Monika Fucini, Turin
Reproduktion: Meyle + Müller GmbH + Co. KG, Pforzheim
Druck und Bindung: Elanders GmbH, Waiblingen

ISBN 978-3-12-676522-0

Inhaltsverzeichnis
Kursbuch-Teil

Lektion 3 · WAS MACHT IHR HEUTE NACHMITTAG?

 VIDEOSTATION 1 — 46

Lektion 4 · ANDERE LÄNDER, ANDERE SPRACHEN

Lektion 5 — DER, DIE, DAS

Übungsbuch-Teil

Verwendete Symbole

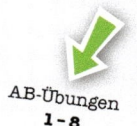

AB-Übungen
1 – 8   Hinweis auf passende Übungen im Übungsbuch

> HÖREN ⏵ 12   Titelnummer der Aufnahme
                        Dateien verfügbar unter:
                        www.klett-sprachen.de/deutsch-echt-einfach-online

> FILM 3 ▶▶   Hinweis auf den passenden Videofilm
                        Dateien verfügbar unter:
                        www.klett-sprachen.de/deutsch-echt-einfach-online

Projektecke   Projekte für Gruppenarbeit

B 9 Bilde Sätze.   Übungen zum passenden Teil der Lektion im Kursbuch

Lektion 1 — HALLO! WIE GEHT'S?

A Willkommen in der Klasse 9A!

Hallo! Ich heiße Julia. Wie heißt du?

Tag! Ich bin Fabian. Wer bist du?

Servus! Ich bin Mesut.

Guten Tag! Ich heiße Martin Schröder. Ich bin der Deutschlehrer.

Grüß dich! Ich heiße Hanna.

1 Hör zu und sprich nach. > HÖREN ▶ 1

2 Was sagen die Schüler und Herr Schröder? Ordne zu. > WORTSCHATZ

Grüß dich! · Tag! · Guten Tag! · Hallo! · Servus!

Julia:

Mesut:

Fabian:

Herr Schröder:

Hanna:

3 Kettenfragen. > SPRECHEN

Hallo, ich heiße Hanna. Wie heißt du? ▶ Servus, ich heiße Chris. Wie heißt du? ▶ Ich heiße …
Ich bin Julia. Wer bist du? ▶ Ich bin Paul. Wer bist du? ▶ Ich bin …

4 Bildet Dialoge. > SPRECHEN

- Ich bin Marco, und wie heißt du?
- Ich bin Andreas. Ich heiße Andreas Berg.

- Und wer ist das?
- Das ist Fabian, Fabian Hartmann.

5 Hör zu und schreib die Namen. > HÖREN ▶ 2

Wie heißen die Mädchen und die Jungen aus der Klasse 9A?

<table>
<tr><td>Grammatik</td></tr>
<tr><td>I</td><td>II</td><td>III</td></tr>
<tr><td>Wer</td><td>bist</td><td>du?</td></tr>
<tr><td>Wie</td><td>heißt</td><td>du?</td></tr>
</table>

1.
2.
3.
4.
5.
6.
7.
8.
9.
10.
11.
12.

6 Hör zu und sprich nach. > HÖREN ▶ 3

0	1	2	3	4	5	6	7	8	9	10	11	12
null	eins	zwei	drei	vier	fünf	sechs	sieben	acht	neun	zehn	elf	zwölf

7 Schau dir die Klasse 9A eine Minute lang an. Mach dann das Buch zu. Fragt und antwortet. > SPRECHEN

- Wer ist Nummer zwei?
- Nummer zwei ist ... Fabian!

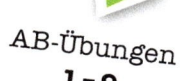

AB-Übungen
1 - 9

B Pausengespräche

8 Hör zu und lies mit. Dann beantworte die Fragen. > HÖREN ▶ 4

Wie geht es Sandra?	**Wie geht es Markus?**
Wie geht es Alex?	**Wie geht es Lukas?**
Wie geht es Kerstin?	**Wie geht es Chris?**

9 Kettenübung. > SPRECHEN

Hallo, Fabian, wie geht's? ▶ Gut, danke! Hallo, …! Wie geht's? ▶ Danke, …

Sehr gut!
Gut!

Nicht schlecht.
Es geht.

Nicht so gut.
Schlecht.

10 Hör zu, lies mit und notiere die Handynummern. > HÖREN ▶ 5

2. Servus! Nein, ich bin Olga.

1. Hallo, du bist Sandra?

3. Olga, wie ist deine Handynummer?

4. Meine Handynummer ist: …
Und wie ist deine Handynummer?

5. Meine Handynummer ist: …
Tschüs, Olga!

6. Bis bald, Mesut!

BIOLOGIERAUM

Wie ist die Handynummer von Olga?

Wie ist die Handynummer von Mesut?

11 Antworte. > WORTSCHATZ

	Wie begrüßen sie sich?	Wie verabschieden sie sich?
Mesut		
Olga		

12 Spielt den Dialog in Paaren. > SPRECHEN

13 Wie ist die Handynummer von ...? Antworte. > SPRECHEN

Julia
01781729530

Fabian
01646135908

Hanna
01656315809

Lena
01782837482

Paul
01617549016

Die Handynummer von Julia ist: ...

14 Kettenfragen. > SPRECHEN

Wie ist deine Handynummer? Meine Handynummer ist ... ▶ Und wie ist deine Handynummer? ▶ Meine ...

AB-Übungen
10 – 18

C Wie heißt das auf Deutsch?

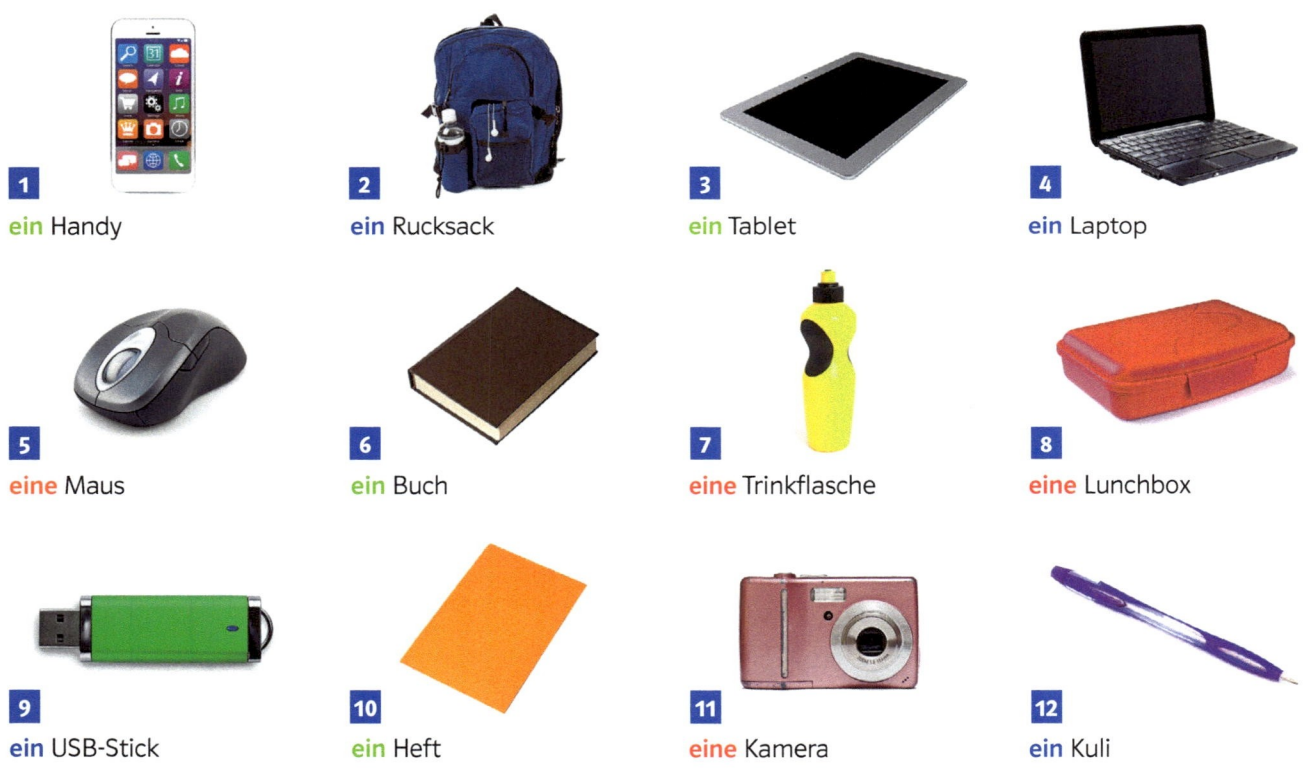

1 ein Handy

2 ein Rucksack

3 ein Tablet

4 ein Laptop

5 eine Maus

6 ein Buch

7 eine Trinkflasche

8 eine Lunchbox

9 ein USB-Stick

10 ein Heft

11 eine Kamera

12 ein Kuli

15 Hör zu und sprich nach. > HÖREN ⊙ 6

16 Wie sind die Sachen? Verbinde.

1. Das ist **ein** Handy. **Das** Handy ist …

2. Das ist **ein** Rucksack. **Der** Rucksack ist …

3. Das ist **ein** Tablet. **Das** Tablet ist …

4. Das ist **ein** Laptop. **Der** Laptop ist …

5. Das ist **eine** Maus. **Die** Maus ist …

6. Das ist **ein** Buch. **Das** Buch ist …

7. Das ist **eine** Trinkflasche. **Die** Trinkflasche ist …

8. Das ist **eine** Lunchbox. **Die** Lunchbox ist …

9. Das ist **ein** USB-Stick. **Der** USB-Stick ist …

10. Das ist **ein** Heft. **Das** Heft ist …

11. Das ist **eine** Kamera. **Die** Kamera ist …

12. Das ist **ein** Kuli. **Der** Kuli ist …

braun ⬤

orange ⬤

schwarz ⬤

grün ⬤

gelb ⬤

rot ⬤

grau ⬤

violett ⬤

weiß ⚪

blau ⬤

rosa ⬤

silbern ⬤

17 Zur Kontrolle. Hör zu und vergleiche. > HÖREN ▶ 7

Grammatik

ein Kuli ▶ **der** Kuli
eine Maus ▶ **die** Maus
ein Buch ▶ **das** Buch

18 Fragt und antwortet wie im Beispiel. > SPRECHEN

Nummer 3 ist ein Tablet.

Was ist Nummer 3?

Was ist Nummer 12?

Nummer 12 ist ein Kuli!

19 Ordne zu. > WORTSCHATZ

	ein / der	eine / die	ein / das
Kamera			
Heft			
Rucksack			
Maus			
Buch			
Kuli			
Handy			
Tablet			
USB-Stick			
Laptop			
Trinkflasche			
Lunchbox			

20 Ich frage, du antwortest ... Bildet Dialoge. > SPRECHEN

- Was ist rot?
- Die Lunchbox ist rot!

weiß	grün	grau	orange
blau	gelb	violett	rosa
schwarz	rot	braun	silbern

21 Kettenfragen > SPRECHEN

Wie ist der Rucksack? ▶ Der Rucksack ist blau. Wie ist das Handy? ▶ Das Handy ist ...

22 Richtig oder falsch? Lies die Sätze und kreuze an. > WORTSCHATZ

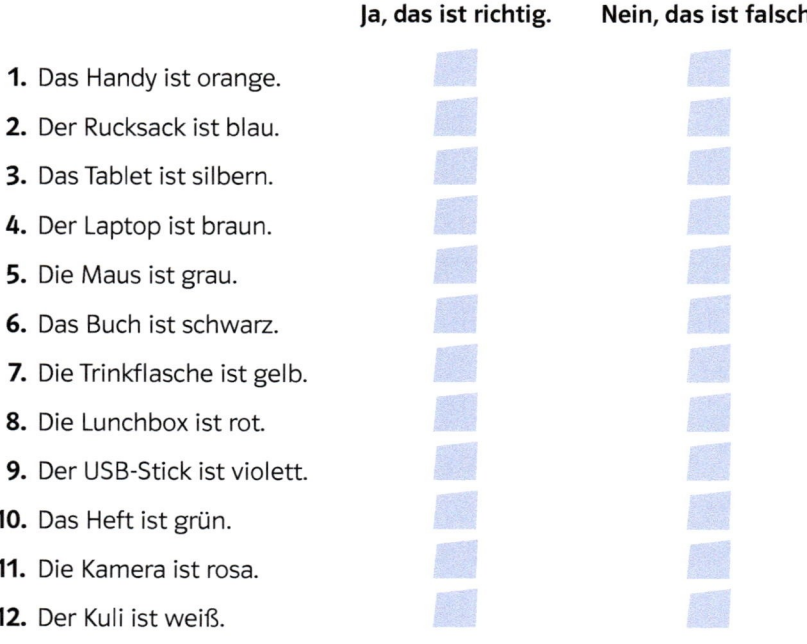

	Ja, das ist richtig.	Nein, das ist falsch.
1. Das Handy ist orange.		
2. Der Rucksack ist blau.		
3. Das Tablet ist silbern.		
4. Der Laptop ist braun.		
5. Die Maus ist grau.		
6. Das Buch ist schwarz.		
7. Die Trinkflasche ist gelb.		
8. Die Lunchbox ist rot.		
9. Der USB-Stick ist violett.		
10. Das Heft ist grün.		
11. Die Kamera ist rosa.		
12. Der Kuli ist weiß.		

23 Fragt und antwortet wie im Beispiel. > SPRECHEN

- Wie ist **dein** Rucksack?
- **Mein** Rucksack ist …

- Wie ist **deine** Lunchbox?
- **Meine** Lunchbox ist …

- Wie ist **dein** Handy?
- **Mein** Handy ist …

dein Tablet
dein Laptop
deine Maus
dein Buch
deine Trinkflasche
dein USB-Stick
dein Heft
deine Kamera
dein Kuli

24 Verabschiedung. Hör zu und sprich nach. > HÖREN ▶ 8

Die Schülerinnen und Schüler der Klasse 9A verabschieden sich!

Mach's gut!

Tschüs!

Auf Wiedersehen!

Bis bald!

AB-Übungen
19 – 28

Phonetik

1 Hör die Fragen und achte auf die Sprechmelodie. Zeichne Melodiepfeile wie im Beispiel. > HÖREN ▶ 9

a. Wie heißt du? – Und wie heißt du?

b. Wo wohnst du? – Und wo wohnst du?

c. Wer bist du? – Und wer bist du?

d. Wie ist deine Handynummer? – Und wie ist deine Handynummer?

e. Wie alt bist du? – Und wie alt bist du?

f. Was ist das? – Und was ist das?

2 Sprich die Fragen aus **1** laut aus. Achte auf die richtige Sprechmelodie.

3 Wer? Und wer? Bildet in Paaren Fragen wie in **1**. Fragt und antwortet.

Landeskunde

In Deutschland, Österreich, Liechtenstein und in der Schweiz, aber auch in Regionen in Luxemburg, Ostbelgien, Südtirol, dem Elsass und Lothringen oder Schlesien: Deutsch ist die Muttersprache von mehr als 100 Millionen Menschen.

Nordsee

Ostsee

Berlin

Weimar

Frankfurt

Heidelberg

Basel

Wien

1 Lest die Texte in Paaren. Was versteht ihr?

Nicht nur für Bundesligastars: Deutsch ist eine wichtige Sprache im Berufsleben.

 1

Für neue Freundschaften: 15 Millionen Menschen lernen Deutsch und weitere 70 Millionen sprechen Deutsch.

 2

Zum Reisen: Deutschland, Österreich und die Schweiz sind interessant für Touristen.

3

Für den Tourismus: Deutschsprachige Touristen kommen auch in dein Land.

4

Zum Studieren: Das Studium in Deutschland, Österreich und in der Schweiz ist super und kostet wenig oder nichts.

 5

Zum Forschen: Deutsch ist eine wichtige Sprache in Wissenschaft und Bildung.

8

Zum Lesen: Es gibt viele deutschsprachige Bücher, Zeitungen und Internetseiten.

 6

Zum Entdecken: Berlin, Berlin, Berlin – eine der coolsten Städte der Welt.

 7

Zum Hören: Deutschsprachige Musik ist populär, von Mozart bis *Rammstein* oder *Kraftwerk*.

 9

Zum Staunen: Keine Sprache hat so lange Wörter wie Deutsch. Ein Beispiel ist Rhabarberbarbarabarbarbarenbartbarbierbierbarbärbel. Wiederhole, bitte!

 10

2 Lange deutsche Wörter. Finde Beispiele im Wörterbuch.

Findet im Wörterbuch sehr lange deutsche Wörter, schreibt sie an die Tafel und erklärt die Bedeutung.

Projektecke Warum lernt ihr Deutsch?

Arbeitet in Gruppen. Schreibt in der Muttersprache drei Gründe. Dann sammelt die Ergebnisse und macht eine Klassenstatistik.

Warum lernen wir Deutsch?

1. ...

2. ...

3. ...

ZWISCHENSTOPP 1

1 Welches Foto passt zu welchem Dialog? Ordne zu. > LESEN

Dialog A
- ● Guten Tag, Frau Schmitz.
- ● Guten Tag, Niklas.

Dialog B
- ● Hallo, Tom. Wie geht's?
- ● Hi, Lea. Mir geht es gut! Und dir?
- ● Auch nicht schlecht.

2 Wie stellen sich die Jugendlichen vor? Ergänze. > WORTSCHATZ

Hi! Ich bin Marion.

Und du?

Wer bist du?

3 Hör zu und notiere die Handynummern. > HÖREN ▶ 10

Telefonnummer 1:

Telefonnummer 2:

4 Wie ist ...? Ergänze die Sätze. > WORTSCHATZ

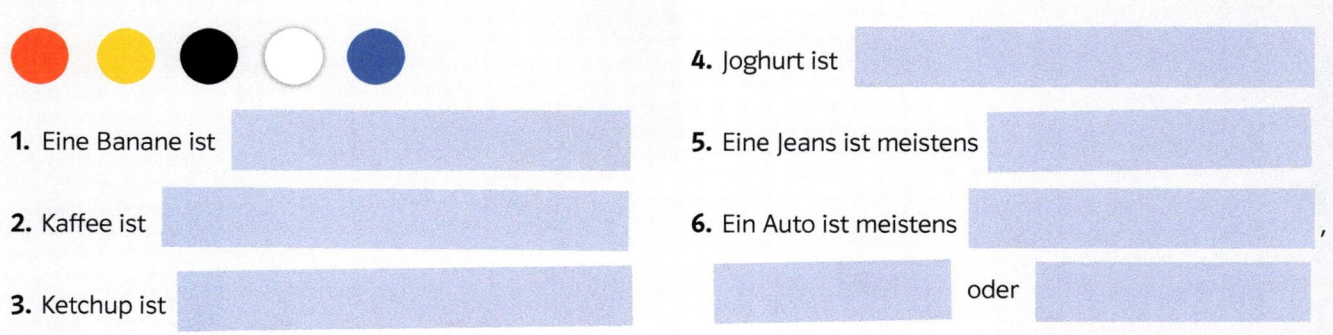

1. Eine Banane ist

2. Kaffee ist

3. Ketchup ist

4. Joghurt ist

5. Eine Jeans ist meistens

6. Ein Auto ist meistens   ,

oder

5 Wo passt das? Trage ein. Dann ordne zu. > WORTSCHATZ

1. lukas094@web.de

2. www.deutschlernen.de

3. 069-23423456

4. Hafenstraße 67

Julia Weber

20097 Hamburg

An:

1.   lukas094@web.de ist

2.   www.deutschlernen.de ist

3.   069-23423456 ist

4.   Hafenstraße 67 ist

a. eine Telefonnummer

b. eine Postadresse

c. eine E-Mail-Adresse

d. eine Internetseite

Lektion 2 — MEINE FREUNDE UND BEKANNTEN

A Wo wohnt Julia?

1
- Guten Tag, Herr Schröder! Wie geht es Ihnen?
- Hallo, Julian! Danke, es geht mir sehr gut. Und wie geht es dir?
- Danke, auch gut!

2
- Sag mal, Mesut, wie alt bist du?
- Ich bin 14. Und du, Hanna, wie alt bist du?
- Ich bin auch 14.

3
- Julia, wo wohnst du?
- Ich wohne in der Mozartstraße 30. Und du, Fabian? Wo wohnst du?
- Ich wohne in der Parkstraße 20.

1 Situationen. Hör zu und sprich nach. > HÖREN ▶ 11

2 Richtig (R) oder falsch (F)? Lies die Dialoge und kreuze an. > LESEN

	R	F
1. Julian geht es nicht so gut.		
2. Hanna ist vierzehn Jahre alt.		
3. Fabian wohnt in der Mozartstraße.		

3 Ich frage, du antwortest … > SPRECHEN

- Wie heißt du? / Wer bist du?
- Ich heiße … / Ich bin …

- Wie geht es dir?
- Es geht mir …

- Wie alt bist du?
- Ich bin … Jahre alt.

- Wo wohnst du?
- Ich wohne in der …

4 Bildet Dialoge. > SPRECHEN

● Hallo, **Franziska**. Wie geht es **dir**?
● Gut!

● Guten Tag, **Frau Meier**. Wie geht es **Ihnen**?
● Es geht.

Sandra	Herr Berger	Jan	Frau Lange	Herr Weiß
schlecht	**sehr gut**	**nicht so gut**	**Es geht.**	**nicht schlecht**

5 Hör zu und sprich nach. > HÖREN ▶ 12

13	14	15	16	17	18	19	20
dreizehn	vierzehn	fünfzehn	sechzehn	siebzehn	achtzehn	neunzehn	zwanzig

21	22	23	24	25	26	27	28	29
einund-zwanzig	zweiund-zwanzig	dreiund-zwanzig	vierund-zwanzig	fünfund-zwanzig	sechsund-zwanzig	siebenund-zwanzig	achtund-zwanzig	neunund-zwanzig

6 Welche Zahlen hörst du? Kreuze an und lies vor. > HÖREN ▶ 13

7 Hör zu und sprich nach. > HÖREN ▶ 14

30	40	50	60	70	80	90
dreißig	vierzig	fünfzig	sechzig	siebzig	achtzig	neunzig

8 Ergänze die Zahlen. > WORTSCHATZ

21 = einundzwanzig

22 = zweiundzwanzig

23 =

29 =

30 = dreißig

35 =

37 =

40 = vierzig

48 =

50 = fünfzig

59 =

60 = sechzig

70 =

80 =

90 =

99 =

100 = einhundert

110 = einhundertzehn

200 =

250 =

1000 = eintausend

2000 =

Grammatik

40 = vier + **zig**

50 = fünf + **zig**

60 = sechs + **zig**

70 = sieben + **zig**

9 Zur Kontrolle. Hör zu und sprich nach. > HÖREN ▶ 15

10 Schreib die Zahlen und beantworte die Frage. > WORTSCHATZ

Nummer 1: *fünfhundert Euro*

Nummer 2:

Nummer 3:

Nummer 4:

Nummer 5:

Nummer 6:

Nummer 7:

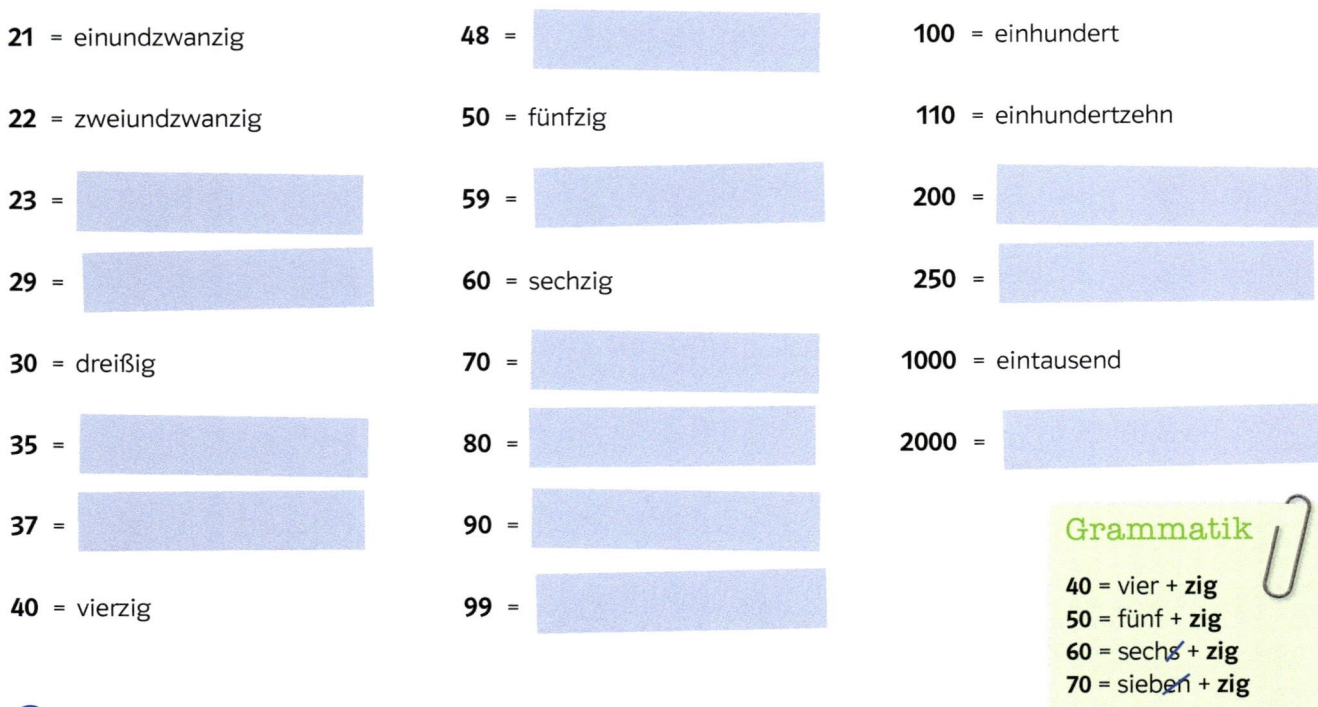

Wie viel Euro sind das zusammen?

11 Wo wohnen die Personen? Hör zu und notiere. > HÖREN ▶ 16

1. Herr Schröder wohnt in der *Kreuzstraße*

2. Hanna wohnt in der *Hafenstraße*

3. Fabian wohnt in der *Goldstraße*

4. Julia wohnt in der *Bergstraße*

12 Kettenfragen. > SPRECHEN

Wo wohnst du? ▶ Ich wohne in der Parkstraße 10. Und du? Wo wohnst du? ▶ Ich wohne …

13 Was ist richtig: a, b oder c? Hör zu und kreuze an. > HÖREN ▶ 17

1. Wie ist die Handynummer von Max?

a. ▢ 0178 44 25 961 **b.** ▢ 0178 14 15 971 **c.** ▢ 0178 14 35 961

2. Wie ist die Adresse von Markus?

a. ▢ Schusterstraße 23 **b.** ▢ Bergstraße 32 **c.** ▢ Schulstraße 33

3. Wie alt ist Herr Schröder?

a. ▢ 42 Jahre alt **b.** ▢ 24 Jahre alt **c.** ▢ 52 Jahre alt

4. Wie viel Euro hat Jens?

a. ▢ 178 € **b.** ▢ 187 € **c.** ▢ 117 €

5. Was kostet das Handy von Mesut?

a. ▢ 209 € **b.** ▢ 319 € **c.** ▢ 309 €

AB-Übungen
1 - 16

B Meine Facebook-Freunde

Ich bin 14 Jahre alt und heiße Lukas. Ich komme aus Deutschland und ich wohne in Berlin. Meine Freunde wohnen auch in Berlin, aber meine Facebook-Freunde kommen aus verschiedenen Ländern. Lenka kommt aus Tschechien und sie wohnt in Prag. Sie ist schon 16 Jahre alt und mag Mode. Sie zeichnet gern. Sven ist 15 und mag Pferde, er reitet gern. Sven kommt aus Schweden und wohnt in Stockholm. Adam aus Polen ist 14 Jahre alt. Er wohnt in Warschau und mag Spiele. Er spielt Computerspiele gern. Marina kommt aus Russland. Sie wohnt in Moskau. Sie ist auch 14 Jahre alt. Sie fotografiert gern. Bianka ist 13 Jahre alt, sie ist blond und sehr schön. Bianka kommt aus Österreich und wohnt in Wien. Bianka schwimmt gern und sie mag Kino. Und ich? Ich lerne gern Englisch und mag Bianka. Ich mag meine Facebook-Freunde.

14 Lies den Text und ergänze die Tabelle. > LESEN

Vorname	Alter	Land	Stadt
Lukas			
Lenka			
Sven		Schweden	
Adam	14 Jahre alt		
Marina			
Bianka			Wien

15 Wer wohnt da? Hör zu und notiere. > HÖREN ⏵ 18

1. _____
2. _____
3. _____
4. _____
5. _____
6. _____

16 Wer macht was gern? Lies den Text aus 14 noch einmal und ergänze. > LESEN

Lenka *zeichnet* gern.

Sven _____ gern.

Bianka _____ gern.

Adam _____ Computerspiele gern.

Lukas _____ Englisch gern.

Marina _____ gern.

17 *Er* oder *sie*? Ergänze. > WORTSCHATZ

1. ____ mag Computerspiele. (Julian)

2. ____ mag Bücher. (Hanna)

3. ____ hört gern Musik. (Herr Schröder)

4. ____ spielt gern Schach. (Frau Motte)

5. ____ mag Comics. (Sarah)

6. ____ mag Pferde. (Sven)

Grammatik

Hanna mag ▶ **sie** mag
Sven mag ▶ **er** mag

18 Kettenfragen > SPRECHEN

Adam, was machst du gern? ▶ Ich spiele gern. Tanja, was machst du gern? ▶ Ich …

AB-Übungen
17 – 20

C Wer ist das?

19 Hör zu und lies mit. > HÖREN ▶ 19

Sebastian Kranz, 37, wohnt in Frankfurt und arbeitet bei der Bank. Er ist Informatiker. Er kommt aus Leipzig und ist verheiratet. Der Sohn von Herrn Kranz heißt Timo und er ist 4 Jahre alt. Die Frau von Herrn Kranz ist 35 Jahre alt und sie heißt Sandra. Frau Kranz spielt gern mit Timo. Herr Kranz mag Sport. Er joggt oft mit Sandra.

Karin Weber, 26, ist Studentin. Sie kommt aus Dresden, aber sie wohnt jetzt in Berlin. Karin Weber arbeitet nicht, sie studiert Architektur in Berlin. Sie ist nicht verheiratet, sie ist noch Single. Sie wohnt zusammen mit Sarah. Sarah studiert auch, sie studiert Medizin. Karin Weber mag klassische Musik, sie hört gern Bach und Beethoven. Sie spielt auch Klavier in der Freizeit.

20 Lies die Texte und bilde Sätze. > LESEN

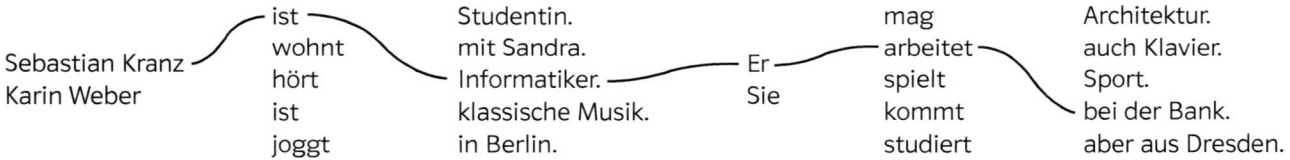

| Sebastian Kranz Karin Weber | ist wohnt hört ist joggt | Studentin. mit Sandra. Informatiker. klassische Musik. in Berlin. | Er Sie | mag arbeitet spielt kommt studiert | Architektur. auch Klavier. Sport. bei der Bank. aber aus Dresden. |

21 Zur Kontrolle. Hör zu und sprich nach. > HÖREN ▶ 20

22 Antworte. > SPRECHEN

Wer ist das?
Was ist er?
Wo wohnt er?
Wie alt ist er?
Woher kommt er?
Was macht er gern?

Wer ist das?
Was ist sie?
Wo wohnt sie?
Wie alt ist sie?
Woher kommt sie?
Was macht sie gern?

23 Lies die Informationen und stell die Leute vor. > SPRECHEN

Name	Anton Hofer	Lara Wolf
Alter	23	36
Beruf	Student	Kellnerin
Wohnort	München	Berlin
Herkunft	Österreich, Innsbruck	Frankfurt
Familienstand	Single	verheiratet
Hobbys	Fußball spielen Musik hören	ins Kino gehen Tennis spielen

Das ist Anton Hofer.
Er ist 23 Jahre alt und …

Und das ist Lara Wolf.
Sie …

24 Wer ist das? > SPRECHEN

Mach eine Visitenkarte von einer (bekannten) Person. Schreib den Namen der Person nicht.
Tausche die Karte mit der Mitschülerin / dem Mitschüler. Stell die Person vor. Wer ist das?

AB-Übungen
22 – 26

Phonetik

1 Hör die Wörter und achte auf die Aussprache von *b*, *d* und *g*. > HÖREN ⏵ 21

a. Markiere alle *b*, die wie *p* klingen.
Bianka · lieb · Liebe · Urlaub · Berlin

b. Markiere alle *d*, die wie *t* klingen.
Pferd · Deutschland · Mode · Pferde · Freund

c. Markiere alle *g*, die wie *k* klingen.
Tag · sag · gut · joggt · Tage

Wann klingen *b*, *d*, *g* wie *p*, *t*, *k*?
Wenn sie in einer Silbe **vor** dem Vokal
oder **nach** dem Vokal stehen?

2a Städtenamen. Welche *b*, *d*, *g* klingen wie *p*, *t*, *k*? Markiere.

Prag · Bonn · Hamburg · Krefeld · London · Nürnberg · Dortmund · Freiburg · Mailand

2b Sprich die Namen laut aus. Vergleiche deine Aussprache mit
der Aufnahme. > HÖREN ⏵ 22

Verben im Präsens

	wohnen	spielen	lernen
ich	wohn-**e**	spiel-**e**	lern-**e**
du	wohn-**st**	spiel-**st**	lern-**st**
er, sie	wohn-**t**	spiel-**t**	lern-**t**

	sein
ich	**bin**
du	**bist**
er, sie	**ist**

	arbeiten
ich	arbeit-**e**
du	arbeit-**e**-**st**
er, sie	arbeit-**e**-**t**

	heißen
ich	heiß-**e**
du	heiß-**t**
er, sie	heiß-**t**

	mögen
ich	**mag**
du	**magst**
er, sie	**mag**

Aussagesatz

I	II	III
Ich	heiße	Michael.
Karin	wohnt	in Berlin.
Hanna	ist	14 Jahre alt.

Deine Beispiele

schwimmen

ich

du

er, sie

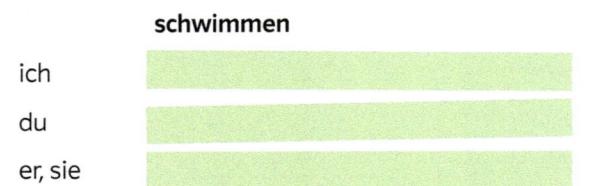

- Wer ____ du?
- Ich ____ Pia.

Wie alt ____ du?

Wie ____ deine Handynummer?

zeichnen

ich

du

er, sie

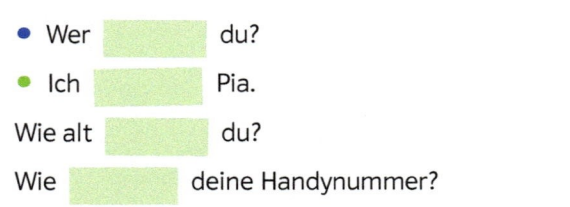

Wie heiß ____ du?

Ich heiß ____ Olga.

Und wie heiß ____ er?

Das ist mein Freund, er heiß ____ Max.

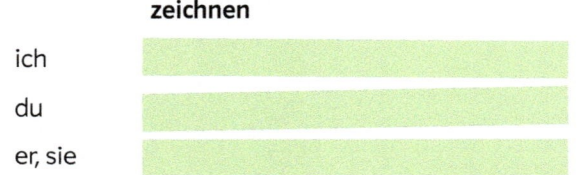

Lenka ____ Mode.

Sven ____ Pferde.

Und du? Was ____ du?

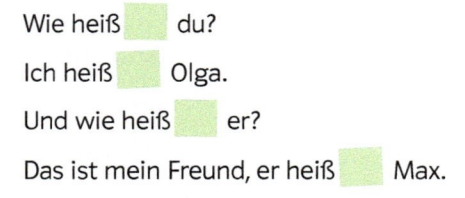

____ heißt

____ arbeitet

____ lerne

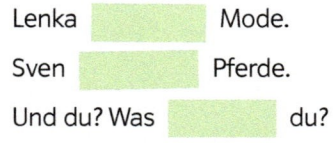

W-Fragen

I	II	III
Wer	bist	du?
Wie	heißt	du?
Wo	wohnst	du?

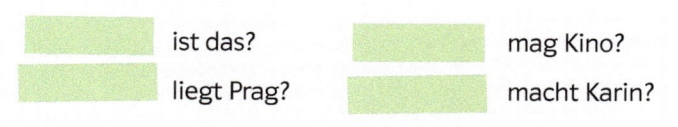

ist das?   mag Kino?

liegt Prag?   macht Karin?

Das Fragewort *wo* und die Präposition *in*

Wo wohnen die Jugendlichen?

Lukas wohnt **in** Deutschland, **in** Berlin.
Lenka wohnt **in** Tschechien, **in** Prag.
Sven wohnt **in** Schweden, **in** Stockholm.
Adam wohnt **in** Polen, **in** Warschau.

Wo wohnen deine Facebook-Freunde?

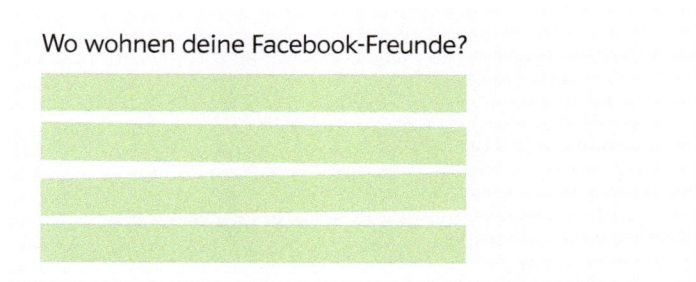

Das Fragewort *woher* und die Präposition *aus*

- **Woher** kommt Lukas?
- Er kommt **aus** Deutschland.

- **Woher** kommt Bianka?
- Sie kommt **aus** Österreich.

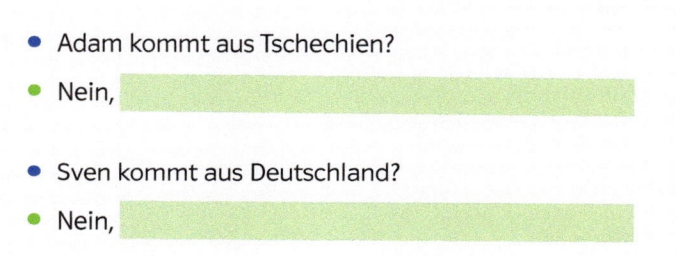

- Adam kommt aus Tschechien?
- Nein,

- Sven kommt aus Deutschland?
- Nein,

Zahlen

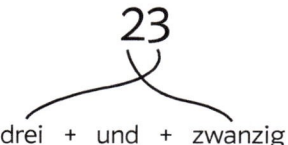

23

drei + und + zwanzig

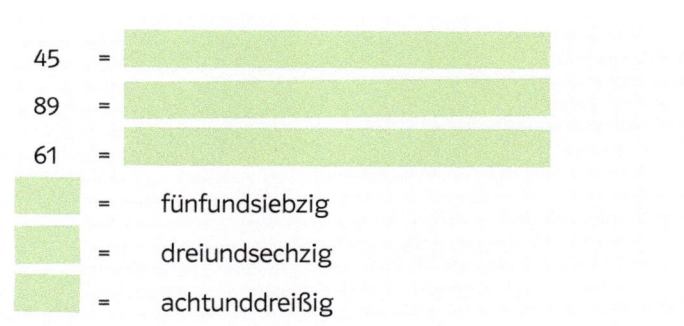

45	=	
89	=	
61	=	

= fünfundsiebzig

= dreiundsechzig

= achtunddreißig

Die Form *wie geht's?*

- Wie geht's?
- Danke, gut.

- Wie geht es **dir**, Ben?
- Danke, es geht mir super!

- Wie geht es **Ihnen**, Frau Stein?
- Danke, nicht schlecht.

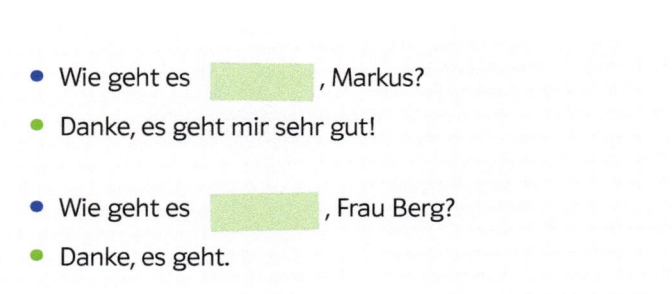

- Wie geht es   , Markus?
- Danke, es geht mir sehr gut!

- Wie geht es   , Frau Berg?
- Danke, es geht.

Wichtige Wörter

die Adresse, -n
Wie ist die Adresse von Tom?

das Alter

alt
Wie alt bist du?

der Beruf, -e
Was ist Sebastian (von Beruf)?

der Familienstand

die Handynummer, -n
Wie ist deine Handynummer?

die Herkunft

das Hobby, -s
Wie ist dein Hobby?

das Jahr, -e
Ich bin 13 Jahre alt.

der Name, -n
Wie ist dein Name?

der Wohnort, -e

auch
Mir geht es auch gut.

nicht
nicht so gut

wie?
Wie geht es dir, Lea?
Wie geht es Ihnen, Frau Krause?

die Straße, -n
Ich wohne in der Kaiserstraße.

wohnen
Wo wohnst du?
Lukas wohnt in Deutschland.

der Freund, -e
Ich mag meine Freunde.

kommen
Sven kommt aus Schweden.

das Land, ¨er
Sie kommen aus verschiedenen Ländern.

liegen
Warschau liegt in Polen.

arbeiten
Er arbeitet bei der Bank.

fotografieren

hören
Sie hört klassische Musik.

joggen
Sebastian joggt mit Sarah.

lernen
Ich lerne gern Englisch.

machen
Was machst du gern?

reiten
Sven mag Pferde, er reitet gern.

schwimmen

studieren
Sie studiert Architektur.

spielen
Er spielt gern Tennis.

zeichnen
Lenka zeichnet gern.

das Computerspiel, -e

das Buch, ¨er

das Comic, -s
Sarah mag Comics.

das Kino, -s

mögen (ich / er / sie mag)
Ich mag Mode und Kino.

der Euro, -s
Die Kamera kostet zweihundert Euro.

kosten
Was kostet dein Tablet?

wie viel?
Wie viel Euro hat Jens?

mit
Lukas chattet gern mit Bianka.

Landeskunde

1 Lies die Statistik und übersetze die Informationen.

Wie lernen sich Jugendliche in der Schweiz kennen?

in der Schule	**29 %**	im Café	**6 %**
über Freunde	**27 %**	in der Nachbarschaft	**5 %**
beim Sport und bei Hobbys	**16 %**	im Urlaub	**2 %**
übers Internet	**11 %**		

2 Macht eine Klassenstatistik.

Wie lernst du Freunde kennen?

In der Schule, über Freunde und übers Internet.

Und du?

In der Nachbarschaft, beim Sport und bei Hobbys. Und in der Schule.

3 Füllt die Registrierungsfelder aus.

Vorname:		Geburtstag:	
Nachname:		E-Mail:	
Geschlecht:		Handynummer:	

Projektecke **Soziale Medien auf Deutsch**

Stellt die Sprache auf deinem Facebook-, Google-, WhatsApp- oder Twitter-Profil auf Deutsch. Stellt auch euer Handy oder Smartphone auf Deutsch. Macht eine Liste: Wie heißt eine Funktion in eurer Muttersprache und wie auf Deutsch?

Muttersprache	Deutsch
...	Gefällt mir.

1 Markus und Sophie. Lies die Texte und ergänze die Tabelle. > LESEN

Hallo, ich heiße Markus Weigel, bin 15 Jahre alt und wohne in Augsburg. Das liegt in Süddeutschland, in der Nähe von München. Ich besuche die Klasse 10B. Meine Schule heißt Jakob-Fugger-Gymnasium. In meiner Klasse sind wir 27 Schülerinnnen und Schüler. In meiner Freizeit spiele ich Fußball in einer Mannschaft. Aber ich mag auch Musik. Ich spiele selbst ein Instrument, und zwar Gitarre in einer Band.

Hallo! Ich bin Sophie Lange. Ich bin 14 Jahre alt und wohne in Lüneburg. Das liegt in Norddeutschland, in der Nähe von Hamburg. Ich besuche die Klasse 9A. Meine Schule heißt Kopernikus-Schule. Ich bin sportlich, ich gehe oft mit meiner Mutter joggen. Und ich tanze sehr gern. Ich besuche einen Tanzkurs, denn ich möchte Tänzerin werden!

Name	Markus
Wohnort	
Alter	
Schule / Klasse	
Hobbys	

Name	Sophie
Wohnort	
Alter	
Schule / Klasse	
Hobbys	

2 Stell Markus und Sophie vor. > SPRECHEN

Das Mädchen heißt Sophie.
Sophie Lange. Sie ...

Der Junge heißt Markus Weigel.
Er ist ...

3 Schreib einen kurzen Text über dich selbst. > SCHREIBEN

★★☆☆
registriert seit: 25.03.
Beiträge: 15

Hallo, Leute! Ich suche neue Freunde!

(Name) Ich heiße

(Wohnort)

(Alter)

(Schule)

(Hobbys)

4 Interview mit Frau Stein. Hör zu und ergänze die Tabelle. > HÖREN ▶ 23

Name:
Wohnort:
Alter:
Beruf:
Telefon:
Hobbys:

Frau Stein, ich möchte Sie interviewen.
Haben Sie eine Minute Zeit?

5 Interview mit Robert Blacikowski. Hör zu und kreuze an. > HÖREN ▶ 24

	R	F
1. Robert kommt aus Polen.		
2. Robert lernt Deutsch.		
3. Robert hat Familie in Deutschland.		
4. Robert mag München.		
5. Er arbeitet als Informatiker.		

Hallo, ich heiße Robert.

A Kommt ihr mit?

EUROPA-GYMNASIUM

1 Hör zu und ordne den Dialog. > HÖREN ▶ 25

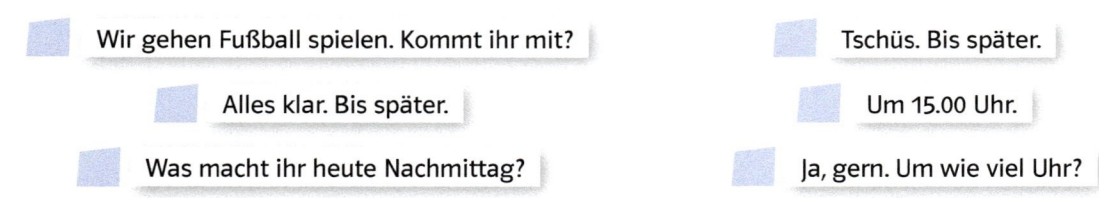

☐ Wir gehen Fußball spielen. Kommt ihr mit?	☐ Tschüs. Bis später.
☐ Alles klar. Bis später.	☐ Um 15.00 Uhr.
☐ Was macht ihr heute Nachmittag?	☐ Ja, gern. Um wie viel Uhr?

2 Spielt den Dialog in Paaren. > SPRECHEN

3 Aktivitäten. Ordne zu. > WORTSCHATZ

a. ☐ ins Kino gehen   **d.** ☐ Musik machen   **g.** ☐ Deutsch lernen

b. ☐ Volleyball spielen   **e.** ☐ im Internet surfen   **h.** ☐ Videogames spielen

c. ☐ shoppen gehen   **f.** ☐ Rad fahren

4 Zur Kontrolle: Hör zu und sprich nach. > HÖREN ▶ 26

5 Ich frage, du antwortest ... Bildet Dialoge. > SPRECHEN

1. Was macht ihr heute Nachmittag?

2. Wir spielen Volleyball. Kommt ihr mit?

3. Ja, gern./ Nein, danke.

AB-Übungen
1-8

B Wie spät ist es?

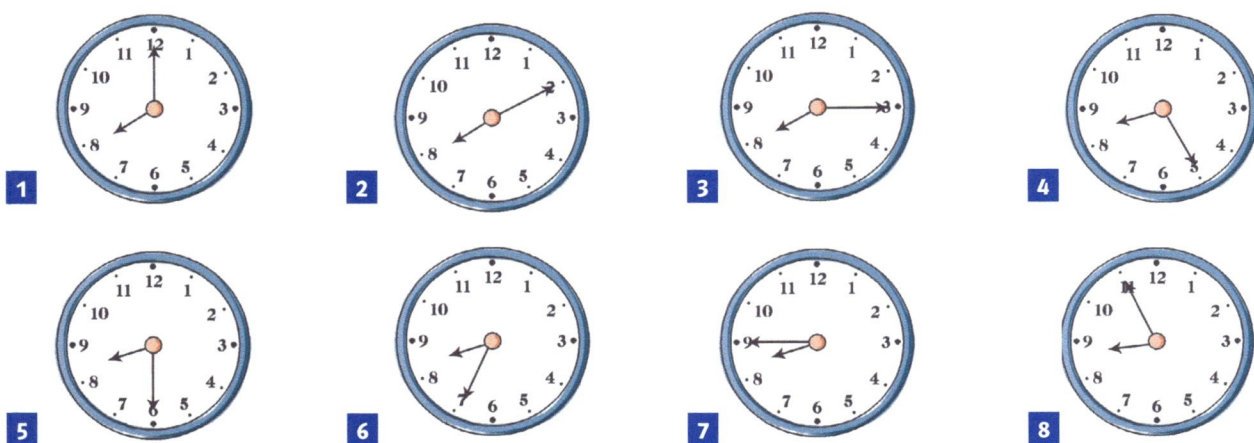

6 Hör zu und sprich nach. > HÖREN ▶ 27

7 Ich frage, du antwortest ... Bildet Minidialoge. > SPRECHEN

- Wie spät ist es? Viertel nach fünf?
- Nein, es ist Viertel vor sechs.

20.15 Uhr / 19.45 Uhr
10.25 Uhr / 10.35 Uhr
11.50 Uhr / 11.10 Uhr
16.35 Uhr / 16.25 Uhr
9.05 Uhr / 8.55 Uhr

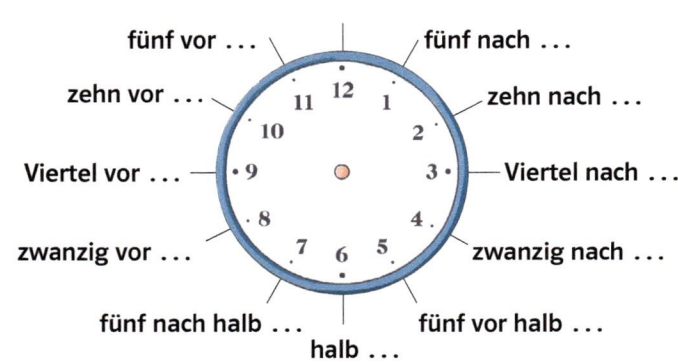

fünf vor ...   fünf nach ...
zehn vor ...   zehn nach ...
Viertel vor ...   Viertel nach ...
zwanzig vor ...   zwanzig nach ...
fünf nach halb ...   fünf vor halb ...
halb ...

8 Um wie viel Uhr ...? Bildet Minidialoge. > SPRECHEN

Deutsch lernen / 14.30 Uhr
Fußball spielen / 15.00 Uhr
shoppen gehen / 17.15 Uhr
Rad fahren / 18.10 Uhr
Videogames spielen / 18.30 Uhr
Hausaufgaben machen / 15.45 Uhr

Um wie viel Uhr gehst du / geht ihr ins Kino?

Ich gehe / Wir gehen um 20.30 Uhr ins Kino.

9 Wer macht was wann? Hör zu und bilde Sätze. > HÖREN ▶ 28

Wer?	Was?	Wann?
Julia	Deutsch lernen	16.30 Uhr
Fabian	zur Schule gehen	21.00 Uhr
Mesut	shoppen gehen	7.30 Uhr
Hanna	Videogames spielen	10.45 Uhr
Herr Schröder	ins Kino gehen	13.15 Uhr
Frau Weber	Hausaufgaben machen	15.10 Uhr

Julia geht um 7.30 Uhr (halb acht) zur Schule.

AB-Übungen
9 – 14

C Wohin gehen Sie, Frau Krause?

Frau Krause, wohin gehen Sie heute?

Also ... ich treibe heute Sport. Um 9.30 Uhr gehe ich ins Schwimmbad. Ich mache Wasseraerobic. Dann, um 12.30 Uhr, gehe ich in die Pizzeria „Sole mio". Dort esse ich zu Mittag. Nach dem Essen, um 15.00 Uhr, gehe ich in den Sportclub. Ich habe heute Karatetraining. Und heute Abend gehe ich ins Kino ...

10 Hör zu und lies mit. Dann nummeriere die Fotos. > HÖREN ▶ 29

Wohin geht Frau Krause zuerst? Und dann?

11 Was ist das? Ordne zu. > WORTSCHATZ

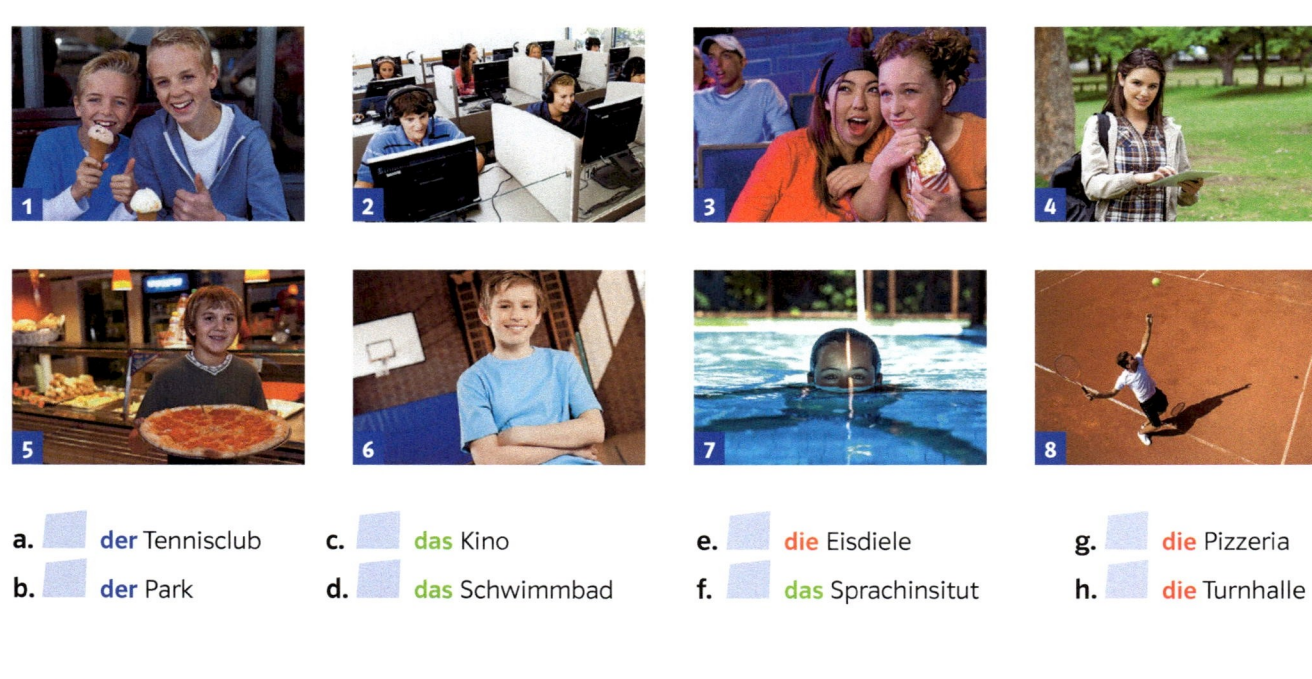

a. [ ] **der** Tennisclub   **c.** [ ] **das** Kino   **e.** [ ] **die** Eisdiele   **g.** [ ] **die** Pizzeria

b. [ ] **der** Park   **d.** [ ] **das** Schwimmbad   **f.** [ ] **das** Sprachinsitut   **h.** [ ] **die** Turnhalle

12 Zur Kontrolle: Hör zu und sprich nach. > HÖREN ▶ 30

13 Fragt und antwortet wie im Beispiel. > SPRECHEN

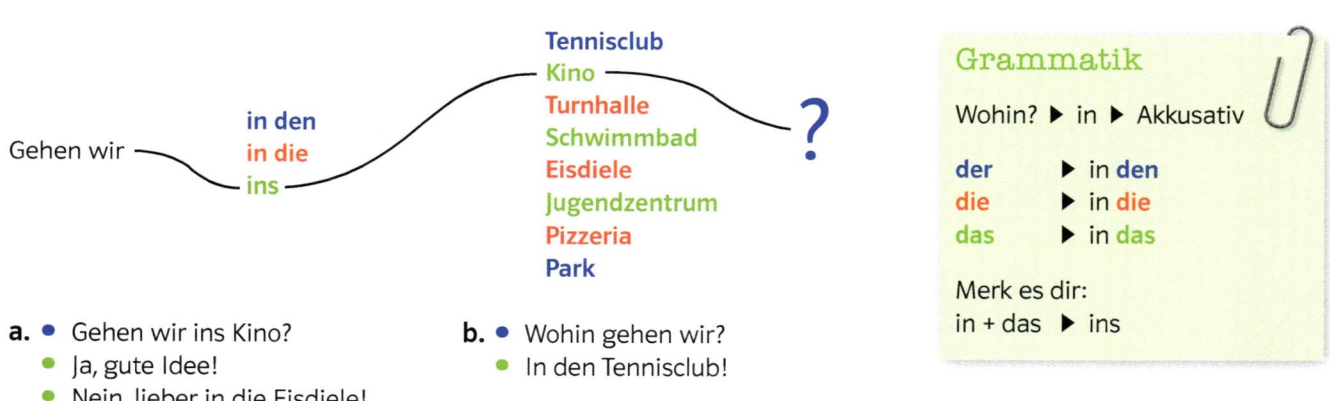

Gehen wir
in den
in die
ins

Tennisclub
Kino
Turnhalle
Schwimmbad
Eisdiele
Jugendzentrum
Pizzeria
Park
?

a. ● Gehen wir ins Kino?
  ● Ja, gute Idee!
  ● Nein, lieber in die Eisdiele!

b. ● Wohin gehen wir?
  ● In den Tennisclub!

Grammatik

Wohin? ▶ in ▶ Akkusativ

der	▶ in **den**
die	▶ in **die**
das	▶ in **das**

Merk es dir:
in + das ▶ ins

14 Bildet Minidialoge. > SPRECHEN

● Wohin gehen Fabian und Mesut?
● Sie gehen **ins Jugendzentrum**.

Tina und David, **der Park (in den)**
Herr und Frau Meier, **das Kino (ins)**
Julia und Hanna, **die Turnhalle (in die)**
Max und Martha, **der Tennisclub (in den)**

15 Interview mit Frau Krause. Hör zu und kreuze an. > HÖREN ▶ 31

1. Frau Krause arbeitet als …

   a. ☐ Lehrerin.   **b.** ☐ Trainerin.

2. Frau Krause wohnt in …

   a. ☐ München.   **b.** ☐ Freising.

3. Frau Krause fährt mit … zur Arbeit.

   a. ☐ dem Auto   **b.** ☐ dem Zug

4. Frau Krause unterrichtet …

   a. ☐ Englisch.   **b.** ☐ Sport und Englisch.

> Frau Krause, ich möchte Sie interviewen. Geht das?

> Gerne, kein Problem.

16 Was antwortet Frau Krause? Ordne zu. > WORTSCHATZ

1. ☐ Wo wohnen Sie?   **a.** Mit dem Zug.

2. ☐ Was sind Sie?   **b.** Sport und Englisch.

3. ☐ Was unterrichten Sie?   **c.** Sportlehrerin.

4. ☐ Wie fahren Sie zur Arbeit? **d.** In München.

AB-Übungen
15 – 25

Phonetik

1 Hör die Wörter und markiere alle *r*-Buchstaben, die ähnlich wie ein kurzes *a* klingen. > HÖREN ▶ 32

Sp**or**t Pizzeria Park reiten
Karate Turnhalle wir Frau dort
Rad Herr Lehrer Uhr vier

> Wann klingt *r* wie ein Vokal (ähnlich wie ein kurzes *a*)? Wenn *r* in einer Silbe **vor** dem Vokal oder **nach** dem Vokal steht?

2 Sprich die Wörter aus **1** laut aus.
Vergleiche deine Aussprache mit der Aufnahme. > HÖREN ▶ 33

3 Sprich die Wortpaare laut aus und markiere alle *r*, die wie ein kurzes *a* klingen. Vergleiche deine Aussprache mit der Aufnahme. > HÖREN ▶ 34

a. die Uhr – die Uhren   **c.** das Tier – die Tiere
b. der Herr – die Herren   **d.** das Ohr – die Ohren

Verben im Präsens

	wohnen	spielen	gehen
ich	wohn-**e**	spiel-**e**	geh-**e**
du	wohn-**st**	spiel-**st**	geh-**st**
er, sie	wohn-**t**	spiel-**t**	geh-**t**
wir	wohn-**en**	spiel-**en**	geh-**en**
ihr	wohn-**t**	spiel-**t**	geh-**t**
sie, Sie	wohn-**en**	spiel-**en**	geh-**en**

	sein
ich	**bin**
du	**bist**
er, sie	**ist**
wir	**sind**
ihr	**seid**
sie, Sie	**sind**

	arbeiten
ich	arbeit-**e**
du	arbeit-**e**-**st**
er, sie	arbeit-**e**-**t**
wir	arbeit-**en**
ihr	arbeit-**e**-**t**
sie, Sie	arbeit-**en**

	fahren
ich	fahr-**e**
du	f**ä**hr-**st**
er, sie	f**ä**hr-**t**
wir	fahr-**en**
ihr	fahr-**t**
sie, Sie	fahr-**en**

Deine Beispiele

machen

ich	
du	
er, sie	
wir	
ihr	
sie, Sie	

- Wer _____ du?
- Ich _____ Julia.

Wer _____ das?

Wie alt _____ du?

Wie _____ deine Handynummer?

Frau Krause, _____ Sie Trainerin?

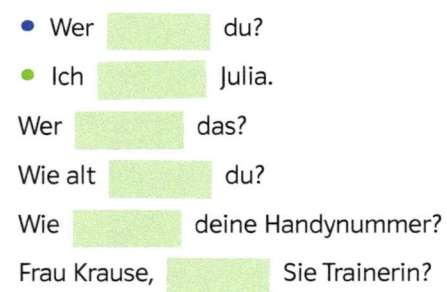

Herr Schröder _____ als Deutschlehrer.

- Herr Schröder, _____ Sie als Deutschlehrer?
- Ja, ich _____ im Europa-Gymnasium.

Frau Krause f_____hrt mit dem Bus.

Max, f_____hrst du auch mit dem Bus?

Katja und Elke, f_____hrt ihr mit dem Bus?

Wir f_____hren auch mit dem Bus.

du-Form / höfliche Form

Leon, wo wohnst **du**?
Ina, treibst **du** Sport?

Frau Krause, wo wohnen **Sie**?
Herr Schmidt, treiben **Sie** Sport?

Das Fragewort *wohin* und die Präposition *in*

- **Wohin** geht ihr?
- Wir gehen zuerst **in den** Park, dann **in die** Eisdiele und am Abend gehen wir **ins** Kino.

Das Fragewort *was*

- **Was** macht ihr heute?
- Wir gehen Fußball spielen.

- **Was** macht Sebastian?
- Er fährt Rad.

- **Was** macht Frau Krause?
- Sie geht in die Pizzeria.

Ja / Nein-Frage

- Gehen wir in die Eisdiele?
- **Ja**, gute Idee!

- Lernst du Deutsch, Anke?
- **Nein**, ich lerne Englisch und Italienisch.

I	II	III
Treiben	Sie	Sport?
Gehen	wir	ins Kino?
Lernst	du	Englisch?

Deine Beispiele

Mark, _____ ins Schwimmbad?
Frau Weber, _____ ins Schwimmbad?

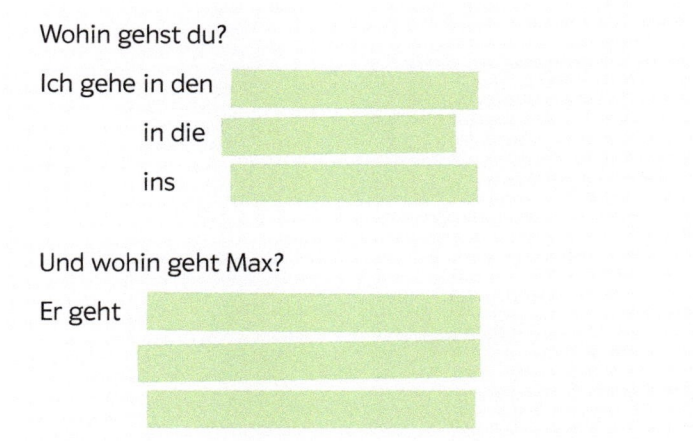

Wohin gehst du?
Ich gehe in den _____
in die _____
ins _____

Und wohin geht Max?
Er geht _____

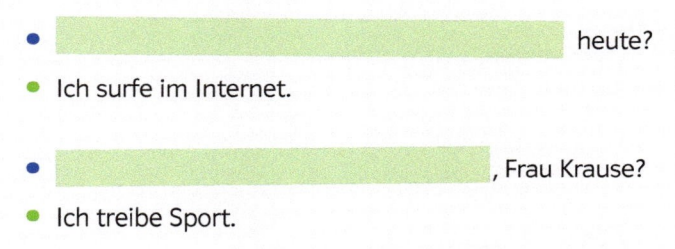

- _____ heute?
- Ich surfe im Internet.

- _____, Frau Krause?
- Ich treibe Sport.

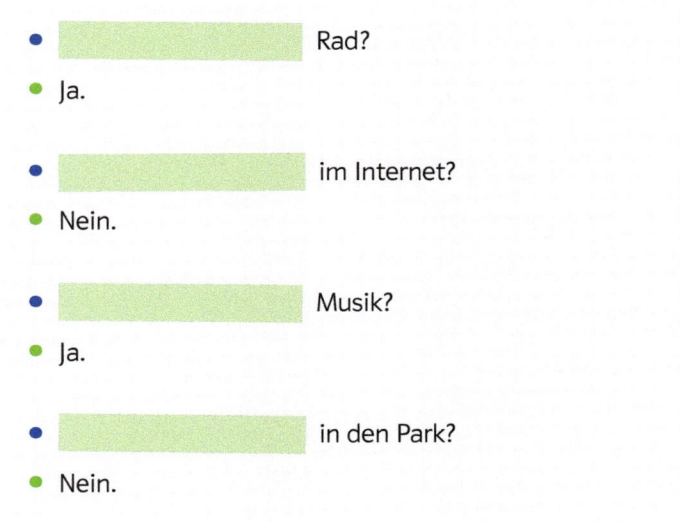

- _____ Rad?
- Ja.

- _____ im Internet?
- Nein.

- _____ Musik?
- Ja.

- _____ in den Park?
- Nein.

Wichtige Wörter

spielen
Ich spiele gern Fußball.
Spielst du Videogames?

mit|kommen
Kommt ihr mit?

gehen
Wir gehen ins Kino.

shoppen gehen
Geht Julia heute shoppen?

die Hausaufgabe, -n
Er macht die Hausaufgaben.

machen
Machst du Musik?

lernen
Lernst du Deutsch?

surfen
Ich surfe gern im Internet.

der Sport (Singular)
Wir treiben Sport.

Rad fahren
Ich fahre gern Rad.

essen
Wir essen um 13.00 Uhr zu Mittag.
Wir essen um 19.00 Uhr zu Abend.

die Eisdiele, -n
Um wie viel Uhr geht ihr in die Eisdiele?

das Jugendzentrum, Jugendzentren

das Kino, -s
Gehst du ins Kino?

der Park, -s

die Pizzeria, -s
Um 12.30 Uhr gehe ich in die Pizzeria.

das Schwimmbad, ̈er

das Sprachinstitut, -e

der Tennisclub, -s

die Turnhalle, -n
Ich gehe in die Turnhalle.

heute
heute Nachmittag
heute Abend

was?
Was machen wir heute Nachmittag?

wohin?
Wohin gehen Sie?

arbeiten
Frau Krause arbeitet als Lehrerin.

unterrichten
Frau Krause unterrichtet Englisch.

fahren
Frau Krause fährt mit dem Auto.

das Auto, -s

der Zug, ̈e

die Uhr
Wie viel Uhr ist es?
Um wie viel Uhr?

spät
Wie spät ist es?

das Viertel, -
Es ist ein Viertel nach elf.

vor
Es ist zehn vor fünf.

nach
Es ist zwanzig nach neun.

halb
Es ist halb zwölf.

Ja, gern.

Nein, danke.

Alles klar!

Bis später!

Kein Problem!

Landeskunde

1 Lies den Text und die Aussagen. Dann beantworte die Frage.

Anna und Lukas – 2 typisch deutsche Jugendliche

Anna kommt aus Berlin. Sie ist 15 Jahre alt, ist 1,67 m groß. Ihre Schuhgröße ist 37. Lukas ist auch 15 und kommt aus München. Er ist 1,74 m groß. Seine Schuhgröße ist 41. Anna und Lukas sind zwei typische deutsche Jugendliche. Beide sind in der 10. Klasse. Anna und Lukas haben ein eigenes Zimmer. Anna fährt 24 Minuten zur Schule. Lukas hat Glück und wohnt nah, er geht nur 11 Minuten zu Fuß. Im Internet ist Lukas dafür länger, nämlich 158 Minuten pro Tag. Anna verbringt nur 124 Minuten online. Sie isst gern Salat und er isst gerne Pasta. Als Taschengeld hat Lukas 20 € pro Monat und Anna 32 €. Natürlich haben sie beide auch Hobbys. Anna tanzt und liest gerne. Lukas spielt jeden Tag Fußball und hört oft Musik, HipHop und Rock.

Wer sagt das? Anna oder Lukas?

Ich treffe mich mit meinen Freunden immer bei der Weltzeituhr auf dem Alex. So nennen wir in Berlin den Alexanderplatz. Der Platz ist groß und es ist immer viel los. Also sind wir einfach auf dem Alex.

Meine Freunde und ich treffen uns meistens auf dem Marienplatz. Der ist im Zentrum, also ist es nicht weit zum Shoppen. Und oft gehen wir auf Feste wie den Christkindlmarkt oder die Meisterfeier vom FC Bayern.

Projektecke (Keine) Unterschiede?

Füll den Steckbrief aus und antworte. Gibt es Unterschiede zwischen dir und Jugendlichen in Deutschland?

Name: ...   Schuhgröße: ...   Lieblingsessen: ...
Alter: ...   Klasse: ...   Taschengeld: ...
Wohnort: ...   Zeit zur Schule: ...   Hobbys: ...
Größe: ...   Zeit im Internet: ...   Treffpunkt: ...

43
dreiundvierzig

1 Lies den Text. Was verstehst du? Bilde Sätze. > LESEN

Hallo, ich bin Jan und das ist meine Clique.

Wir sind neun Leute: sechs Jungen und drei Mädchen.

Wir wohnen alle in Freiburg, in Süddeutschland.

Wir sind alle 15 Jahre alt und besuchen

das Kepler-Gymnasium. Wir treffen uns oft

am Nachmittag nach der Schule. Heiko und Lena

spielen Basketball und gehen gern shoppen.

Andere spielen lieber Fußball oder Handball.

Manchmal gehen wir zusammen ins Kino …

Jan und seine Freunde	sind	das Kepler-Gymnasium.
	besuchen	in Freiburg.
	wohnen	manchmal ins Kino.
	gehen	15 Jahre alt.

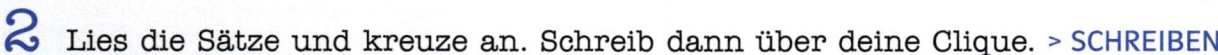

2 Lies die Sätze und kreuze an. Schreib dann über deine Clique. > SCHREIBEN

1. In meiner Clique sind … Leute. Das sind

   a.   nur Jungen.

   b.   nur Mädchen.

   c.   Jungs und Mädchen.

2. Wir gehen oft zusammen

   a.   in die Eisdiele.

   b.   in den Park.

   c.   ins Kino.

   d.   …

3. Wir haben gemeinsame Hobbys und Interessen:

   a.   Wir spielen Fußball / Volleyball …

   b.   Wir spielen Videospiele.

   c.   Wir hören Musik.

   d.   …

Hi! Ich bin Olaf.

Meine Clique?

Wir sind …

Hi, Leute! Ich heiße .... Ich bin in einer Clique. Wir sind ...

★★★☆

3 Ergänze die Tabelle und erzähle. > SPRECHEN

Name	
Alter	
Schule	
gemeinsame Hobbys	

Wie ist dein bester Freund / deine beste Freundin?

4 Was ist richtig: a, b oder c? Hör zu und kreuze an. > HÖREN ▶ 35

1. Eva und Annika gehen …

a.   b.   c.

2. Um wie viel Uhr gehen sie?

a.   b.   c.

5 Was ist richtig: a, b oder c? Hör zu und kreuze an. > HÖREN ▶ 36

1. David und Max gehen …

a.   b.   c.

2. Um wie viel Uhr gehen sie?

  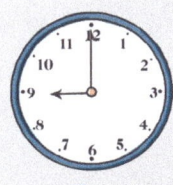

a.   b.   c.

1 Hanna stellt sich vor. Sieh dir den ersten Videoteil an und ergänze die Visitenkarte von Hanna. > FILM 1 ▶

Name:	Schule:
Wohnort:	Klasse:
Herkunft:	Geschwister:
Alter:	Hobbys:

2 Fabian stellt sich vor. Sieh dir den zweiten Videoteil an und ergänze die Visitenkarte von Fabian. > FILM 1 ▶

Name:	Schule:
Wohnort:	Klasse:
Herkunft:	Geschwister:
Alter:	Hobbys:

3 Was haben Hanna und Fabian gemeinsam? Und was nicht? Erzähle.

Hanna und Fabian wohnen beide in München.

Hanna kommt aber aus Hamburg und Fabian …

4 Wer sagt das? Lies und markiere. Dann sieh dir den Film an und kontrolliere. > FILM 1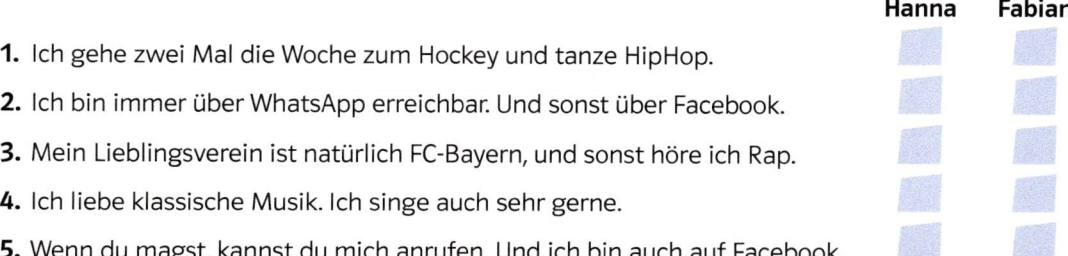

	Hanna	Fabian
1. Ich gehe zwei Mal die Woche zum Hockey und tanze HipHop.		
2. Ich bin immer über WhatsApp erreichbar. Und sonst über Facebook.		
3. Mein Lieblingsverein ist natürlich FC-Bayern, und sonst höre ich Rap.		
4. Ich liebe klassische Musik. Ich singe auch sehr gerne.		
5. Wenn du magst, kannst du mich anrufen. Und ich bin auch auf Facebook.		

5 Stell dich vor. Beantworte die Fragen.

Wie heißt du?

Wo wohnst du?

Wie alt bist du?

Welche Schule besuchst du?

Welche Klasse besuchst du?

Hast du Geschwister?

Was machst du in der Freizeit?

Wie kann ich dich kontaktieren?

6 Wer kann am schnellsten die Fragen beantworten?

1. Wer trägt die Sonnenbrille?
2. Wer ist blond?
3. Wer hat schwarzes Haar?
4. Wo interviewt die Frau Fabian?

Bist du scharfsinnig?

Lektion 4
ANDERE LÄNDER, ANDERE SPRACHEN

A Was spricht Mesut?

1 Hör zu und markiere die richtige Reihenfolge der Sätze. > HÖREN ⏵ 37

☐ Mesut, woher kommst du?

☐ Sprichst du Türkisch zu Hause?

☐ Ja, ich bin zweisprachig. Ich spreche perfekt Deutsch und Türkisch.

☐ Ich bin hier in Deutschland geboren, aber meine Eltern kommen aus der Türkei.

☐ Du sprichst Deutsch und Türkisch. Bist du zweisprachig?

☐ Ja, zu Hause sprechen wir Türkisch.

2 Was weißt du über Mesut? Notiere und erzähle. > SPRECHEN

3 Wo spricht man was? Bilde Sätze. > WORTSCHATZ

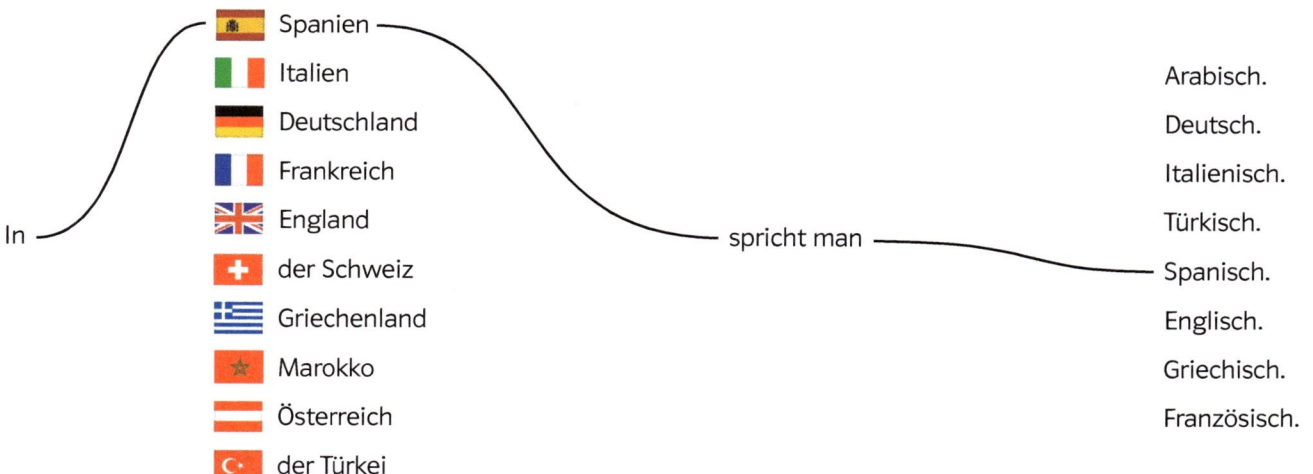

In ... spricht man ...

🇪🇸 Spanien	Arabisch.
🇮🇹 Italien	Deutsch.
🇩🇪 Deutschland	Italienisch.
🇫🇷 Frankreich	Türkisch.
🇬🇧 England	Spanisch.
🇨🇭 der Schweiz	Englisch.
🇬🇷 Griechenland	Griechisch.
🇲🇦 Marokko	Französisch.
🇦🇹 Österreich	
🇹🇷 der Türkei	

4 Zur Kontrolle: Hör zu und sprich nach. > HÖREN ▶ 38

5 Ich frage, du antwortest ... Bildet Dialoge. > SPRECHEN

a. • Was spricht man in der Türkei?
  • In der Türkei spricht man Türkisch.

b. • Spricht man in Österreich Deutsch?
  • Ja, in Österreich spricht man Deutsch.

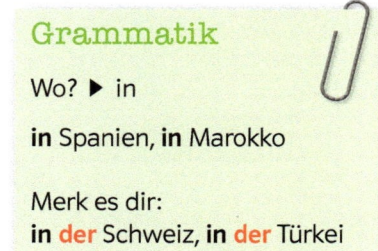

Grammatik

Wo? ▶ in

in Spanien, **in** Marokko

Merk es dir:
in der Schweiz, **in der** Türkei

6 Welche Sprachen sprichst du? Frage und notiere. > SPRECHEN

• Sprichst du Französisch?   • Ja, ich spreche **sehr gut** Französisch?
  • Nein, ich spreche **kein Wort** Französisch.

Sprachen	sehr gut	nicht gut	ein bisschen	kein Wort
Englisch				
Deutsch				
Italienisch				
Französisch				
Arabisch				
Spanisch				
...				

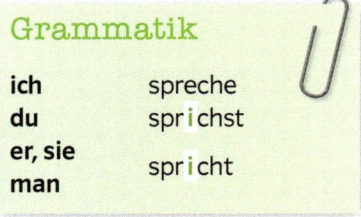

Grammatik

ich	spreche
du	sprichst
er, sie	spricht
man	

AB-Übungen
1 - 10

B Woher kommt Herr Müller?

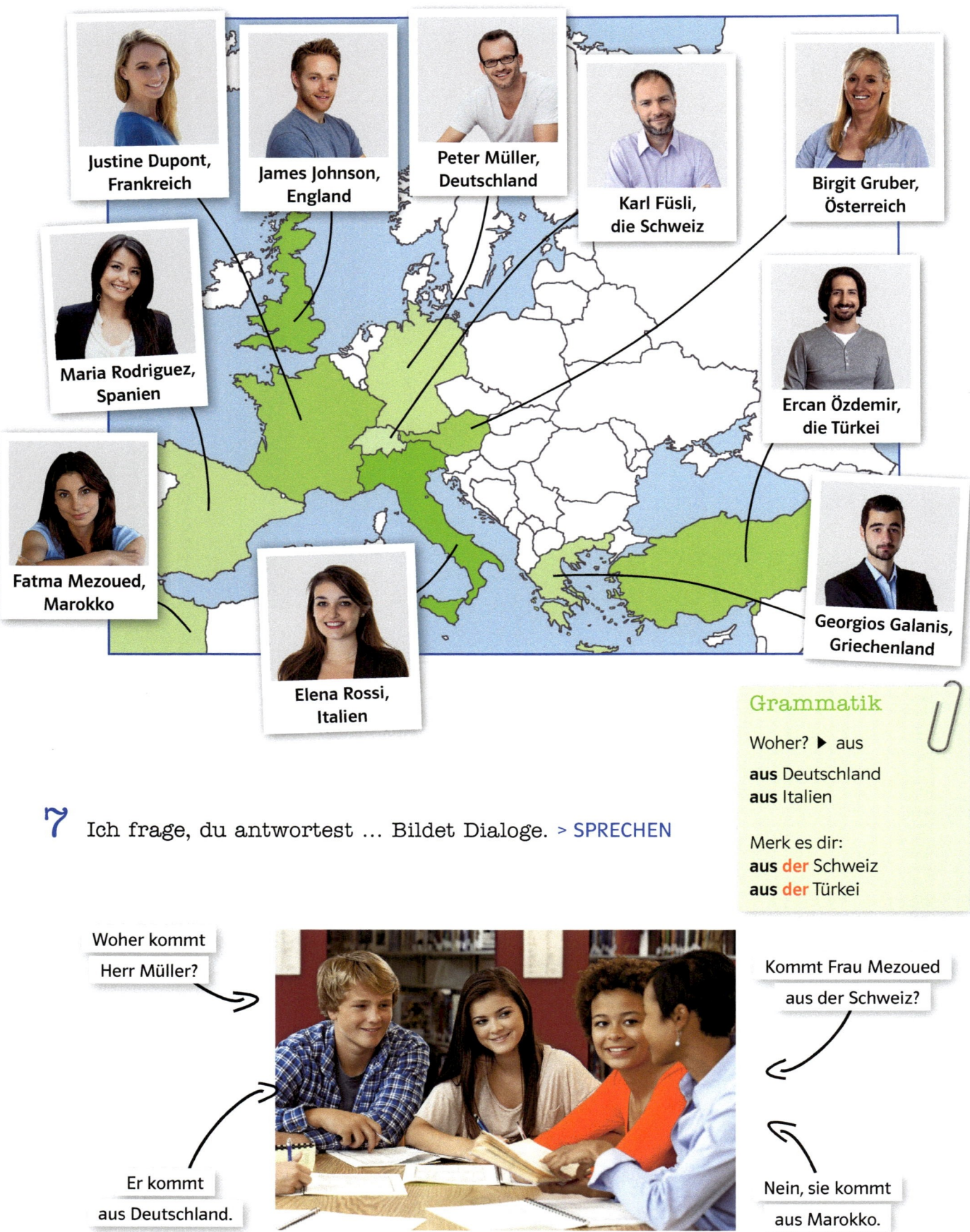

Justine Dupont,
Frankreich

James Johnson,
England

Peter Müller,
Deutschland

Karl Füsli,
die Schweiz

Birgit Gruber,
Österreich

Maria Rodriguez,
Spanien

Ercan Özdemir,
die Türkei

Fatma Mezoued,
Marokko

Elena Rossi,
Italien

Georgios Galanis,
Griechenland

7 Ich frage, du antwortest ... Bildet Dialoge. > SPRECHEN

Grammatik

Woher? ▶ aus

aus Deutschland
aus Italien

Merk es dir:
aus der Schweiz
aus der Türkei

Woher kommt
Herr Müller?

Kommt Frau Mezoued
aus der Schweiz?

Er kommt
aus Deutschland.

Nein, sie kommt
aus Marokko.

8 Hör zu und lies mit. > HÖREN ▶ 39

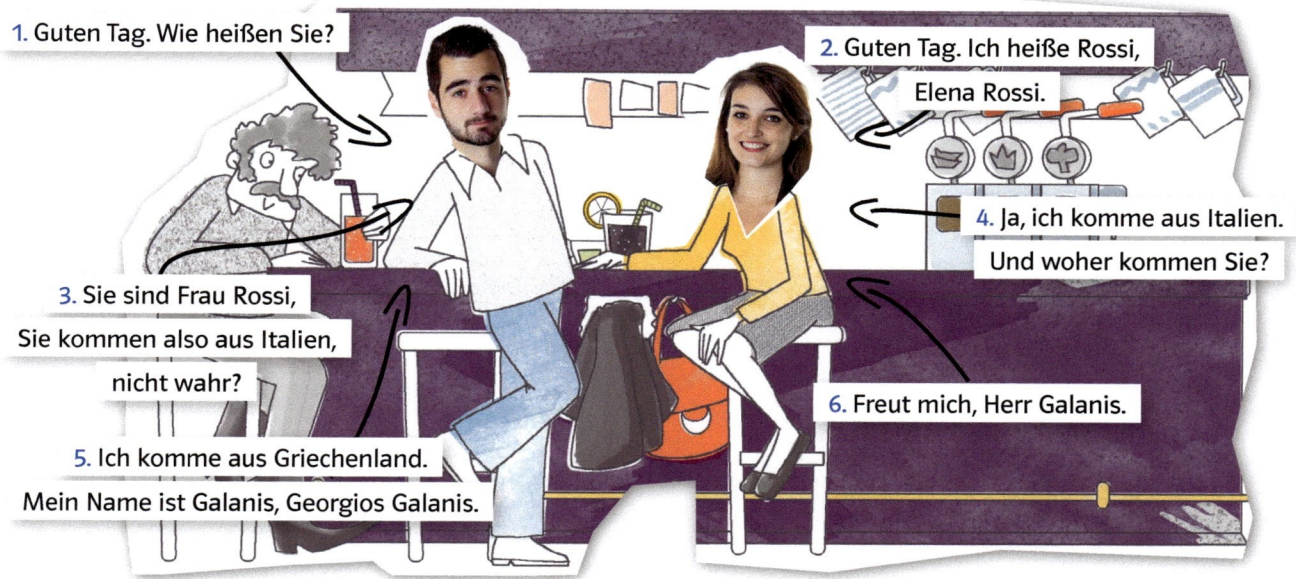

1. Guten Tag. Wie heißen Sie?

2. Guten Tag. Ich heiße Rossi, Elena Rossi.

3. Sie sind Frau Rossi, Sie kommen also aus Italien, nicht wahr?

4. Ja, ich komme aus Italien. Und woher kommen Sie?

5. Ich komme aus Griechenland. Mein Name ist Galanis, Georgios Galanis.

6. Freut mich, Herr Galanis.

9 Rollenspiele. Spielt den Dialog in Paaren. > SPRECHEN

10 Stell die Personen vor. > SPRECHEN

	1	2	3	4
Name	Birgit Gruber	Peter Müller	Maria Rodriguez	Ercan Özdemir
Land	Österreich	Deutschland	Spanien	die Türkei
Wohnort	Wien	München	Madrid	Frankfurt
Beruf	Lehrerin	Manager	Sekretärin	Künstler
Sprachen	Deutsch und Italienisch	Deutsch und Englisch	Spanisch und Englisch	Türkisch und Deutsch

Nummer 1 ist Birgit Gruber. Frau Gruber kommt aus Österreich, sie wohnt in Wien. Sie ist Lehrerin. Sie spricht Deutsch und Italienisch.

11 Wer antwortet schneller? > SPRECHEN

Wer spricht Italienisch?

Wo wohnt Herr Müller?

Wie heißt Nummer 1?

Wer kommt aus Spanien?

Was macht Frau Gruber?

Wer ist Manager?

AB-Übungen
11 – 15

C Karl Füsli ist Schweizer

12 Nationalitäten. Ordne zu. > WORTSCHATZ

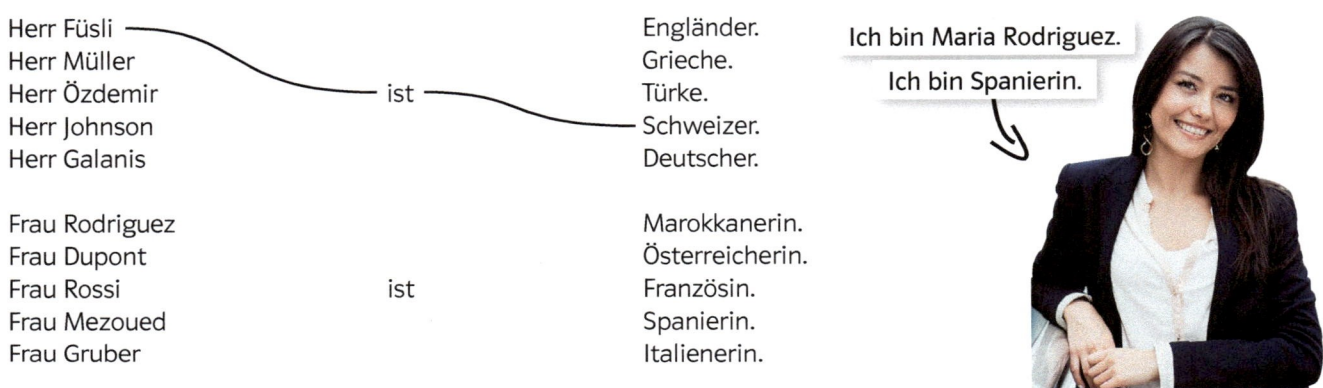

Herr Füsli
Herr Müller
Herr Özdemir   ist
Herr Johnson
Herr Galanis

Engländer.
Grieche.
Türke.
Schweizer.
Deutscher.

Ich bin Maria Rodriguez.
Ich bin Spanierin.

Frau Rodriguez
Frau Dupont
Frau Rossi   ist
Frau Mezoued
Frau Gruber

Marokkanerin.
Österreicherin.
Französin.
Spanierin.
Italienerin.

13 Zur Kontrolle: Hör zu und sprich nach. > HÖREN ▶ 40

14 Ergänze die Tabelle. > WORTSCHATZ

Land	er	sie	Sprache
Deutschland		Deutsche	
Österreich			
Griechenland	Grieche		Griechisch
Spanien	Spanier		
England		Engländerin	
Frankreich	Franzose	Französin	
Italien	Italiener		
Marokko			
die Schweiz		Schweizerin	
die Türkei	Türke		

15 Spielt Dialoge. > SPRECHEN

- Frau Rodriguez, sprechen Sie Spanisch?
- Natürlich spreche ich Spanisch. Ich bin Spanierin.

- Und woher kommen Sie?
- Ich komme aus Spanien, klar.

16 Hör zu und mach dir Notizen. Dann ergänze den Text. > HÖREN ▶ 41

Name:

Land:

Wohnort:

Sprachen:

Familie:

Beruf:

Herr Smith kommt aus (1) _____ , aus (2) _____ . Er wohnt in (3) _____

Die Frau von Herrn Smith ist (4) _____ . Herr Smith spricht (5) _____ und

(6) _____ . Martin, sein Sohn, ist zweisprachig, er spricht perfekt (7) _____

und (8) _____ . Herr Smith ist (9) _____ von Beruf.

AB-Übungen
16-24

Phonetik

1a Hör die Wortpaare. Achte auf die Aussprache von *ch* und *sch*. > HÖREN ▶ 42

a. Kir**ch**e – Kir**sch**e   **b.** Wi**ch**t – wi**sch**t   **c.** Fi**ch**te – fi**sch**te   **d.** Männ**ch**en – Men**sch**en

1b Du hörst eines der beiden Wörter. Markiere das Wort, das du
hörst. > HÖREN ▶ 43

2 Sprich die Wortpaare aus **1a** laut aus.

3 Sprich die Wörter laut aus. Hör und vergleiche
deine Aussprache mit der Aufnahme. > HÖREN ▶ 44

Wettbewerb in der Klasse:
Wer kann die Wörter fehlerfrei
aussprechen? Und wer kann
es am schnellsten?

griechi**sch** · russi**sch** · österreichi**sch** · chinesi**sch** · türki**sch**

Verben im Präsens

	kommen	sprechen
ich	komm-**e**	sprech-**e**
du	komm-**st**	spr**i**ch-**st**
er, sie	komm-**t**	spr**i**ch-**t**
wir	komm-**en**	sprech-**en**
ihr	komm-**t**	sprech-**t**
sie, Sie	komm-**en**	sprech-**en**

Deine Beispiele

spielen

ich	
du	
er, sie	*spielt*
wir	
ihr	
sie, Sie	

Das Fragewort *woher* und die Präposition *aus*

- **Woher** kommt Herr Müller?
- Er kommt **aus** Deutschland, **aus** München.

- **Woher** kommt Jane Füsli?
- Sie kommt **aus** der Schweiz, **aus** Genf.

- **Woher** kommt Mesut? **Aus** der Türkei?
- Ja, er ist Türke.

Woher kommt _____ ?

_____ kommt aus _____ ,

aus _____

Das Pronomen *man*

- Was spricht **man** in Italien?
- In Italien spricht **man** Italienisch.

- Wo spricht **man** Polnisch?
- Polnisch spricht **man** in Polen.

- Spricht **man** in Österreich Deutsch?
- Ja, in Österreich spricht **man** Deutsch.

- Was _____
  in _____ ?

- In _____
  spricht _____

Aussagesatz

I	II	III	IV
Zu Hause	sprechen	wir	Arabisch.
In Deutschland	arbeitet	Max	als Mechaniker.

Perfekt _____
Deutsch und Türkisch.

W-Fragen

Wer spricht Englisch?
Wer kommt aus Spanien?
Wer ist Manager?
Was macht Jane?
Wo liegt Paris?

Deine Beispiele

Wer	?
Wie	?
Was	?
Wo	?

Ja / Nein-Frage

- Sprichst du Deutsch zu Hause?
- **Ja**, wir sprechen Deutsch zu Hause.

- Spricht Tom gut Italienisch?
- **Nein**, er spricht kein Wort Italienisch.

- Kommt Frau Füsli aus der Schweiz?
- **Ja**, sie kommt aus der Schweiz.

- Frau Rossi, sprechen Sie Türkisch?
- **Nein**, ich spreche Italienisch.

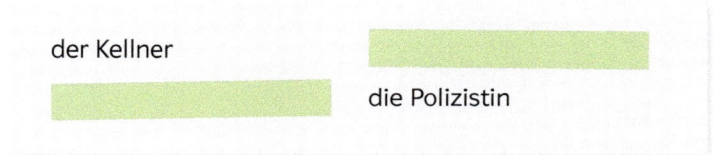

-
- Ja, Tom spricht sehr gut Englisch.

-
- Nein, er kommt aus Amerika.

Berufe

Was sind sie (von Beruf)?
Markus ist **Architekt**.
Julia ist **Architektin**.
Frau Becker ist **Lehrerin**.
Herr Schröder ist **Lehrer**.

der Lehrer	▶	die Lehrer**in**
der Manager	▶	die Manager**in**
der Künstler	▶	die Künstler**in**
der Student	▶	die Student**in**

der Kellner

die Polizistin

Nationalitäten

John ist **Engländer**.
Mary ist **Engländerin**.
Francesca ist **Italienerin**.
Paolo ist **Italiener**.

der Engländer	▶	die Engländer**in**
der Italiener	▶	die Italiener**in**
der Schweizer	▶	die Schweizer**in**
der Spanier	▶	die Spanier**in**

der **Grieche**	▶	die Griech**in**
der **Türke**	▶	die Türk**in**

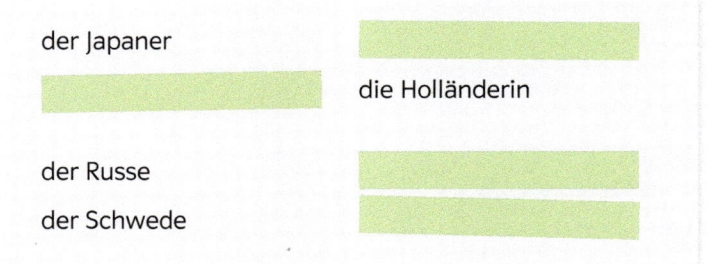

der Japaner

die Holländerin

der Russe

der Schwede

Wichtige Wörter

die Sprache, -n
Welche Sprachen sprichst du?

sprechen
Ich spreche Italienisch.
In Russland spricht man Russisch.

welch-?
Welche Sprache spricht man in Spanien?

Arabisch

Deutsch

Englisch

Französisch

Griechisch

Italienisch

Spanisch

Türkisch

kein Wort
Ich spreche kein Wort Französisch.

ein bisschen
Ich spreche ein bisschen Deutsch.

nicht gut
David spricht nicht gut Italienisch.

sehr gut
Ich spreche sehr gut Spanisch.

perfekt
Martin spricht perfekt Englisch.

zu Hause
Wir sprechen Türkisch zu Hause.

zweisprachig
Mesut ist zweisprachig.

was?
Was spricht Herr Müller?

das Land, ¨er

woher?
Woher kommst du?

aus
Ich komme aus Spanien.

geboren
Ich bin in Deutschland geboren.

die Eltern
Meine Eltern kommen aus der Türkei.

Deutschland

Österreich

die Schweiz
Herr Füsli kommt aus der Schweiz.

die Türkei
In der Türkei spricht man Türkisch.

die Frau, -en
Frau Rossi ist Italienerin.

der Herr, -en
Herr Füsli, Sie sind Schweizer, nicht wahr?

der Deutsche, -n

die Deutsche, -n
Frau Müller ist Deutsche.

der Franzose, -n

die Französin, -nen

der Grieche, -n

die Griechin, -nen

der Türke, -n

die Türkin, -nen

der Beruf, -e
Was sind Sie von Beruf?

der Künster, -

der Manager, -
Peter Müller ist Manager.

die Managerin, -nen

der Lehrer, -

die Lehrerin, -nen
Frau Gruber arbeitet als Lehrerin.

die Sekretärin, -nen

machen
Was macht Frau Müller?

nicht wahr
Sie sind Engländerin, nicht wahr?

sich freuen
Freut mich!

Landeskunde

1 Richtig (R) oder falsch (F)? Lies den Text und kreuze an.

Die deutschen Dialekte

In Deutschland, Österreich und der Schweiz spricht man nicht immer dasselbe. Es gibt auch sehr, sehr viele Dialekte. Und die sind manchmal gar nicht leicht zu verstehen. Hessen hat allein über 600 Variationen von Hessisch! In Frankfurt sagt man nicht: „Guten Tag!" Man sagt: „Guude!" In Hamburg heißt das: „Moin!" In der Schweiz hört man meistens: „Grüezi!" Und in Österreich: „Servus!" Rund um Wiesbaden sagt man nicht „sprechen", sondern „babbele". Die Hamburger sagen dafür aber „klönen" oder „schnacken". Das „Handy" heißt in der Schweiz „Natel" und statt „Fahrrad" sagt man „Velo". Ganz schön schwer, oder? Keine Angst: Die meisten Menschen in den deutschsprachigen Ländern können nicht nur einen Dialekt, sondern auch Hochdeutsch. Das ist ein Deutsch ohne Dialekt.

	R	F
1. In Hessen gibt es 600 Sprachen.		
2. Es gibt viele Variationen für „Guten Tag!"		
3. Die Schweizer haben andere Wörter als die Deutschen.		

2 Woher kommen die Personen? Finde Informationen im Text und antworte. Zeig auf der Landkarte, wo die Personen wohnen.

Karl kommt aus …
Er ist …

Servus! Ich heiße Karl Steiner.

Guude! Ich bin Anne Becker.

Grüezi! Mein Name ist Ben Roth.

Moin! Ich heiße Monika Lange.

Projektecke Sprachen in meinen Nachbarländern

An welche Länder grenzt dein Land? Welche Sprachen sprechen die Menschen dort? Wie begrüßen sie sich? Was sagen sie zum Abschied? Recherchiert und sammelt Informationen.

Die Nachbarländer	Die Menschen sprechen dort: …	Ich begrüße sie: …	Zum Abschied sage ich: …

1 Lies den Text. Was ist richtig (R)? Kreuze an. > LESEN

Fragen und Antworten

Hallo, wir heißen Lea und Max. Heute besuchen wir die Sprachschule „Multilingua" und fragen die Schüler nach den besten Tipps.
Wir stehen im Korridor und warten auf sie.

Da ist schon Martin. Er lernt seit sechs Monaten Spanisch und
meint: „Am wichtigsten ist der Kontakt zu Spaniern. Ich habe viele
spanische Freunde und chatte mit ihnen". Das ist ein guter Tipp.
„Ich lerne schnell und gern".

Maria geht schnell zum Englischkurs, aber sie hat noch kurz Zeit.
Ihr bester Tipp ist: „Einfach spontan lernen und nicht planen oder
Listen machen. Ich spreche schon sehr gut, aber in den Sommer-
ferien fahre ich nach England. Und die Engländer sprechen kein
Deutsch".

Wer kommt denn da? Es ist Daniel. Er ist ein Ire und lernt in
der Sprachschule Deutsch. „Mein Tipp? Verben, Verben, Verben.
Die lerne ich schnell und baue meine Sätze. Ich lerne also nicht
nur passiv".

Und welchen Tipp gibt uns Miriam? Sie ist 19, lernt Schwedisch
und sagt: „Ein Ziel und Spaß haben. Das ist ganz wichtig.
Mein Ziel: im Sommer in Schweden arbeiten". Spaß ist für alle
wichtig. Aber ein Ziel ist sicher auch gut".

Am Ende fragen wir noch eine Lehrerin. Frau Kampe antwortet uns
gerne: „Regelmäßig in den Unterricht kommen und jeden Tag ein
bisschen lernen".

1. Martin hat Probleme mit Spanisch.
2. Maria macht keinen Plan zum Lernen.
3. Daniel kommt aus Irland.
4. Miriam hat keinen Spaß beim Lernen.
5. Frau Kampe ist eine Schülerin.
6. Der Text ist über Tipps zum Sprachenlernen.

> Und welchen Tipp hast du zum Sprachenlernen?

2 Lies die Anzeige und beantworte dann die Fragen. > SPRECHEN

SPRACHINSTITUT
MULTILINGUA – Frankfurt / Main

**Englisch • Spanisch • Französisch •
Italienisch • Deutsch • Türkisch**

Infos unter:
www.multilingua.de

Oder rufen Sie
Frau Lach an: 069.8715661

NUR MUTTER-SPRACHIGE LEHRER!

1. Wie heißt die Sprachschule?
2. Wo liegt sie?
3. Welche Sprachen lernt man dort?
4. Wie sind die Lehrer?

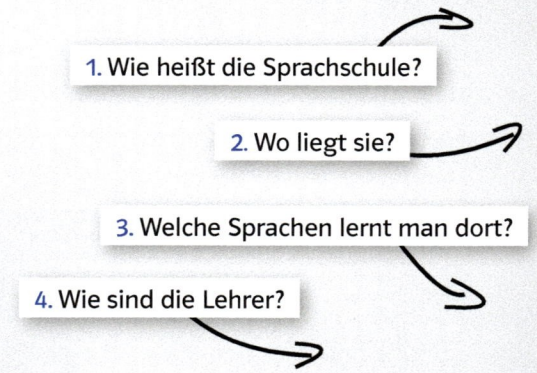

3 Schreib eine kurze E-Mail an das Sprachinstitut. > SCHREIBEN

A. Stell dich vor. (Name, Alter, Land, Wohnort)
B. Welcher Kurs?
C. Wie gut sprichst du Deutsch? (Du sprichst ein bisschen Deutsch. Du lernst schon zwei Jahre.)
D. Die Teilnehmer? Woher?

von		an	
Betreff			

Guten Tag!

A. Ich heiße

B. Ich möchte einen Ferienkurs besuchen. Ich habe Sommerferien im Juli und im August.

C.

D.

Herzliche Grüße

4 Sommerkurs. Hör zu und ergänze die Tabelle. > HÖREN ▶ 45

Deutschlernen in Freiburg macht Spaß!

Name		
Alter		
Herkunft		
Wohnort		
Warum Deutsch?		

Internationale Ferienkurse
10.–29. Juli   1.–20. August

Ich bin hier in Freiburg und besuche schon das zweite Mal einen Deutschkurs.

A Wie heißt das auf Deutsch?

1. **das/ein** Mathebuch	6. **der/ein** Ordner	11. **die/eine** Flöte
2. **der/ein** Laptop	7. **das/ein** Deutschheft	12. **das/ein** Poster
3. **die/eine** Schultasche	8. **die/eine** Mappe	13. **das/ein** Mäppchen
4. **das/ein** Handy	9. **die/eine** Lampe	14. **die/eine** Uhr
5. **der/ein** Kugelschreiber	10. **der/ein** Marker	15. **das/ein** Magazin

1 Hör zu und sprich nach. > HÖREN ▶ 46

2 Schau dir das Bild eine Minute lang an. Mach dann das Buch zu. Nenne so viele Dinge wie möglich. > WORTSCHATZ

3 Schau dir das Bild wieder an. Mach dann das Buch zu. Nenne die Schulsachen. > WORTSCHATZ

4 Ich frage, du antwortest … Bildet Dialoge. > SPRECHEN

- ● Wie heißt Nummer 4 auf Deutsch?
- ● Nummer 4 heißt auf Deutsch Handy, das Handy.

- ● Was ist Nummer 13?
- ● Nummer 13 ist ein Mäppchen.

5 Nein, falsch! Das ist kein Buch! > SPRECHEN

- ● Ist Nummer 15 **ein** Buch?
- ● Nein, Nummer 15 ist **kein** Buch. Nummer 15 ist **ein** Magazin.

Grammatik

Negation mit _kein_ (Nominativ)

ein Marker	▶	**kein** Marker
eine Mappe	▶	**keine** Mappe
ein Handy	▶	**kein** Handy

6 Verbinde und bilde Sätze wie im Beispiel. > WORTSCHATZ

das Buch   **die** Flöte   **der** Atlas

das Handy   **die** Uhr   **die** Schultasche

der Kugelschreiber   **das** Mäppchen   **der** Marker

Er schreibt gut.

Sie ist schwer.

Es hat viele Apps.

Es ist langweilig.

Er ist rot.

Es ist praktisch.

Sie ist neu.

Sie ist kaputt.

Er ist bunt.

Das Buch ist langweilig.

Grammatik

Personalpronomen (Nominativ)

der Atlas	▶	**er**
die Uhr	▶	**sie**
das Handy	▶	**es**

AB-Übungen
1 – 10

7 Zur Kontrolle: Hör zu und vergleiche. > HÖREN ▶ 47

B Was brauchen wir im Unterricht?

Also, ihr bringt morgen den Atlas und das Matheheft mit. Und natürlich auch die Flöte. Alles klar?

Aber ich habe keinen Atlas.

Die Flöte? Wozu brauchen wir die Flöte?

Ich finde das Matheheft nicht mehr.

8 Hör zu und antworte in der Muttersprache. > HÖREN ▶ 48

Was sagt die Lehrerin? Worum bittet sie?

Was fragt Julia?

Wie reagiert Fabian?

Was sagt Mesut?

9 Was sagt die Lehrerin? Was antworten die Schüler? > WORTSCHATZ

Wir brauchen morgen **das Mathebuch**.

Schon wieder **einen Aufsatz**?

Ach, nein! Ich finde **den Text** so langweilig!

Wir machen jetzt **die Übung** auf Seite 57.

Wir lesen **den Text** auf Seite 103.

Ich habe **kein Mathebuch**.

Ihr schreibt **den Aufsatz** für morgen.

Ich habe **die Hausaufgaben** leider nicht.

Wir korrigieren jetzt **die Hausaufgaben**.

Wir machen gern **die Übung**.

Die Lehrerin sagt:

Bringt bitte die Mappe mit!

Die Schüler sagen:

Ich finde die Mappe nicht mehr.

10 Was machen die Schüler im Unterricht? Bilde Sätze. > WORTSCHATZ

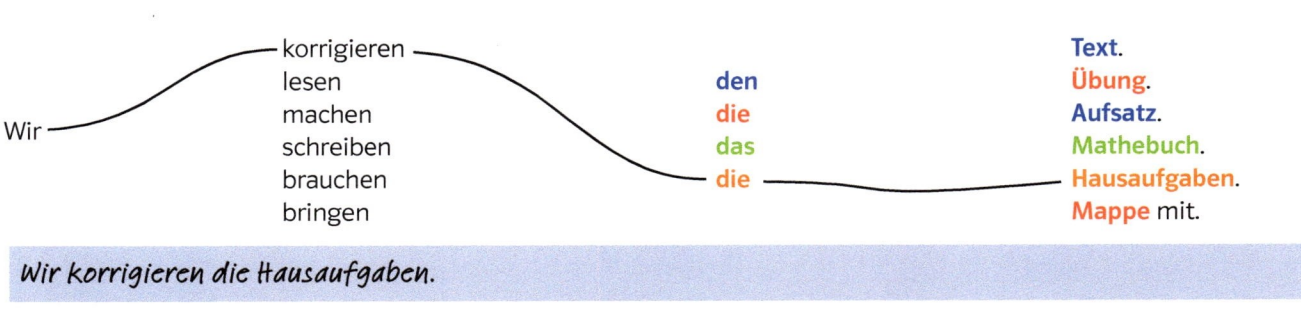

Wir	korrigieren	den	Text.
	lesen	die	Übung.
	machen	das	Aufsatz.
	schreiben	die	Mathebuch.
	brauchen		Hausaufgaben.
	bringen		Mappe mit.

Wir korrigieren die Hausaufgaben.

11 Zur Kontrolle: Hör zu und sprich nach. HÖREN ▶ 49

12 Was brauchst du? Bildet Dialoge. > SPRECHEN

- Brauchst du **den** Kugelschreiber?
- Ja, ich brauche **den** Kugelschreiber.
- Nein, ich brauche **den** Kugelschreiber nicht.

der Radiergummi

das Lineal

die Mappe

der Bleistift

der Taschenrechner

die Schultasche

der Spitzer

das Heft

das Mäppchen

die Schere

der Marker

der Ordner

AB-Übungen
11 – 18

Grammatik

Nominativ		Akkusativ
der Text	▶	**den** Text
die Übung	▶	**die** Übung
das Buch	▶	**das** Buch
die Hausaufgaben	▶	**die** Hausaufgaben

C Hungrig nach der Schule?

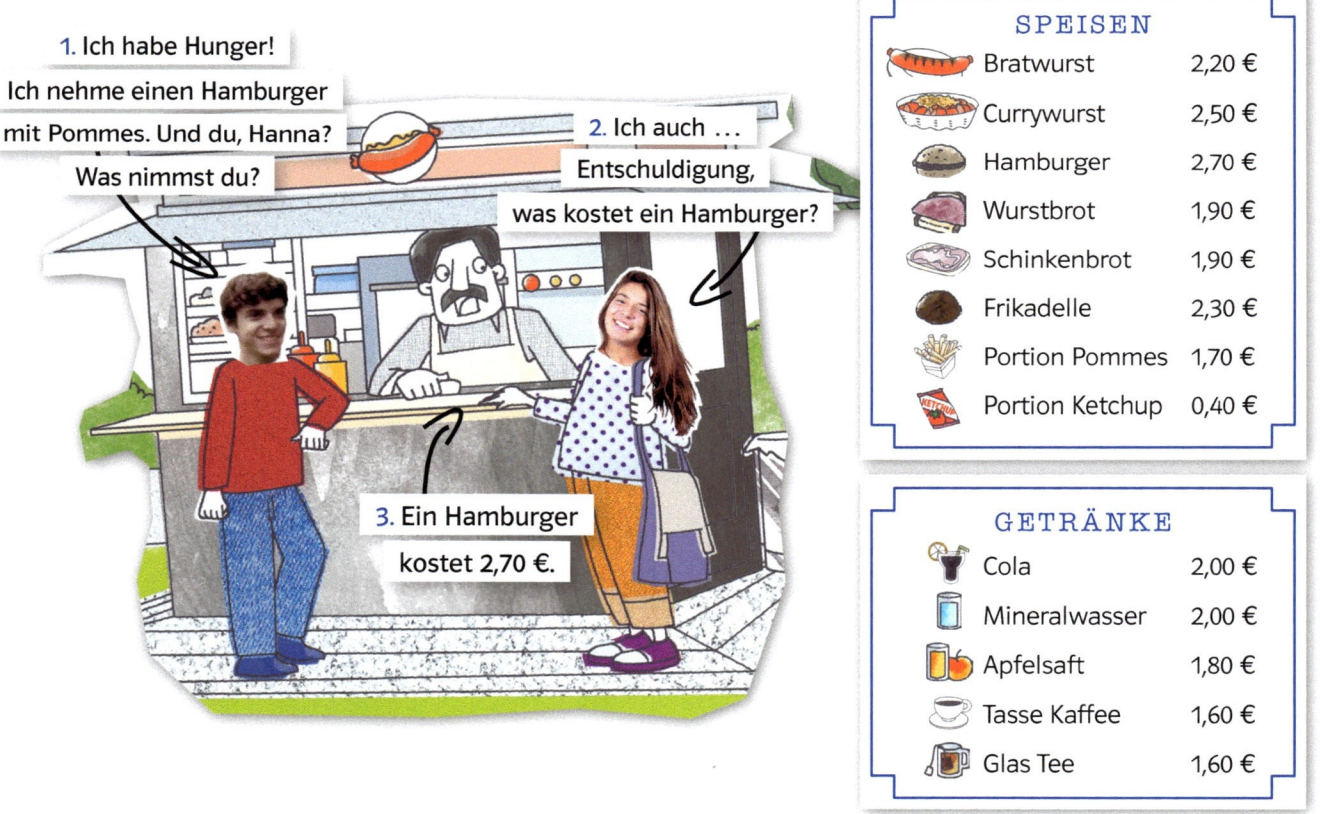

1. Ich habe Hunger!
Ich nehme einen Hamburger
mit Pommes. Und du, Hanna?
Was nimmst du?

2. Ich auch ...
Entschuldigung,
was kostet ein Hamburger?

3. Ein Hamburger
kostet 2,70 €.

SPEISEN	
Bratwurst	2,20 €
Currywurst	2,50 €
Hamburger	2,70 €
Wurstbrot	1,90 €
Schinkenbrot	1,90 €
Frikadelle	2,30 €
Portion Pommes	1,70 €
Portion Ketchup	0,40 €

GETRÄNKE	
Cola	2,00 €
Mineralwasser	2,00 €
Apfelsaft	1,80 €
Tasse Kaffee	1,60 €
Glas Tee	1,60 €

13 Hör zu, lies mit und sprich nach. > HÖREN ⏵ 50

14 Bildet Dialoge wie im Beispiel. > SPRECHEN

- Was nimmst du, Fabian?
- Ich nehme **eine** Bratwurst und **eine** Cola.
- Und du, Hanna, was nimmst du?
- Ich nehme **ein** Wurstbrot und **einen** Apfelsaft.
- Was kostet **ein** Wurstbrot?
- Es kostet 1,90 Euro.

Grammatik

Nominativ	Akkusativ
ein Hamburger	▸ **einen** Hamburger
eine Bratwurst	▸ **eine** Bratwurst
ein Mineralwasser	▸ **ein** Mineralwasser

15 Frage und antworte wie im Beispiel. > SPRECHEN

- Hast du Hunger? Möchtest du etwas essen?
- Ja, ich habe Hunger, ich möchte **eine** Bratwurst (essen).

- Hast du Durst? Möchtest du etwas trinken?
- Ja, ich habe Durst. Ich möchte **ein** Mineralwasser (trinken).

AB-Übungen
19 – 29

Phonetik

1 Wortbetonung. Hör die Wörter und kreuze an. > HÖREN ▶ 51

	●	●.	.●	..●
schön				
teuer				
billig				
praktisch				
modern				
aktuell				
schnell				
kaputt				

Betonte Silben sprechen wir laut und deutlich. Haue bei der betonten Silbe mit der Faust auf den Tisch! Bei unbetonten Silben klopfe nur leicht mit der Fingerspitze auf den Tisch.

2 Sprich die Wörter aus 1 laut aus.

Verben im Präsens

	essen	nehmen	brauchen
ich	ess-**e**	nehm-**e**	brauch-**e**
du	**i**ss-**t**	n**i**mm-**st**	brauch-**st**
er, sie, es	**i**ss-**t**	n**i**mm-**t**	brauch-**t**
wir	ess-**en**	nehm-**en**	brauch-**en**
ihr	ess-**t**	nehm-**t**	brauch-**t**
sie, Sie	ess-**en**	nehm-**en**	brauch-**en**

Deine Beispiele

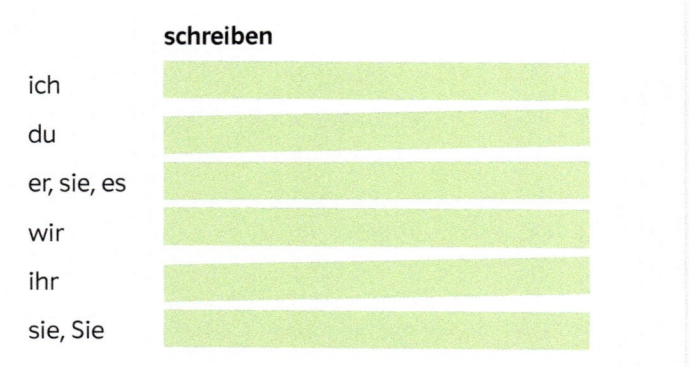

schreiben

ich

du

er, sie, es

wir

ihr

sie, Sie

Der bestimmte und unbestimmte Artikel (Nominativ, Akkusativ)

	Singular			Plural
Nominativ	der	die	das	die
	ein	eine	ein	–

Der Aufsatz ist lang.
Die Übung ist leicht.
Das Buch ist interessant.
Die Hausaufgaben sind schwer.

Ein Apfelsaft kostet 1,80 Euro.
Eine Bratwurst kostet 2,20 Euro.
Ein Schinkenbrot kostet 1,90 Euro.

_____ Student kommt aus London.

_____ Sportschuhe sind super!

_____ Deutschkurs ist interessant.

_____ Kino ist im Zentrum.

Was kostet **ein** _____ ?
Was kostet **eine** _____ ?
Was kostet **ein** _____ ?

	Singular			Plural
Akkusativ	den	die	das	die
	einen	eine	ein	–

Wir schreiben **den** Aufsatz.
Wir machen **die** Übung.
Wir lesen **das** Buch.
Wir korrigieren **die** Hausaufgaben.

Ich trinke **einen** Apfelsaft.
Ich esse **eine** Bratwurst.
Ich nehme **ein** Schinkenbrot.

Ich habe _____ Videogames.
Liest du _____ Jugendmagazin?
Max schreibt _____ SMS.
Katja kauft _____ Poster.

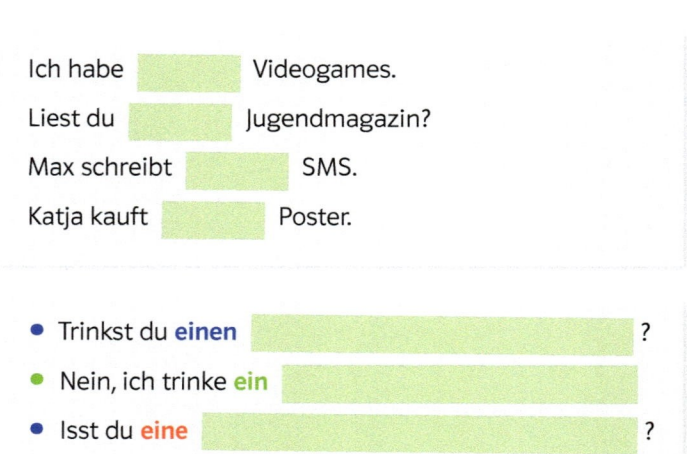

● Trinkst du **einen** _____ ?

● Nein, ich trinke **ein** _____

● Isst du **eine** _____ ?

● Nein, ich esse **einen** _____

Negation mit *nicht*

- Ist das Buch interessant?
- Nein, es ist **nicht** interessant.

- Brauchst den Laptop?
- Ich brauche den Laptop **nicht**.

- Findest du die Musik langweilig?
- Nein, sie ist **nicht** langweilig.

Negation mit *kein*

- Ist Nummer 14 **ein** Buch?
- Nein, es ist **kein** Buch.

- Ist Nummer 10 **eine** Lampe?
- Nein, es ist **keine** Lampe.

Personalpronomen (Nominativ)

Hier ist **der** Laptop. **Er** ist modern.
Hier ist **die** Mappe. **Sie** ist praktisch.
Hier ist **das** Poster. **Es** ist cool.
Hier ist **die** Uhr. **Sie** ist elegant.
Hier ist **der** Ordner. **Er** ist blau.
Hier ist **das** Auto. **Es** ist neu.

Die Form *möcht-*

Ich **möchte** ein Stück Kuchen **essen**.

- Was **möchtest** du essen?
- Ich **möchte** eine Bratwurst essen.

- Was **möchtest** du trinken?
- Ich **möchte** ein Mineralwasser trinken.

Deine Beispiele

- Ist _____ ?
- Nein, _____
- Brauchst du _____ ?
- Ich brauche _____
- Findest du _____ ?
- Nein, _____

- Ist das _____ Sportauto?
- Nein, das ist _____ Sportauto.
- Ist das _____ MP3-Player?
- Nein, das ist _____ MP3-Player.
- Ist das _____ Pizza?
- Nein, das ist _____ Pizza.

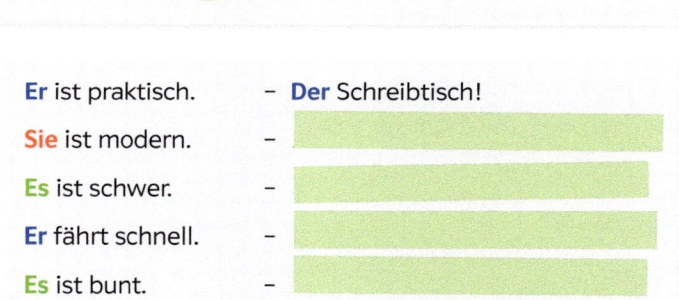

Er ist praktisch. – **Der** Schreibtisch!
Sie ist modern. – _____
Es ist schwer. – _____
Er fährt schnell. – _____
Es ist bunt. – _____
Sie ist interessant. – _____

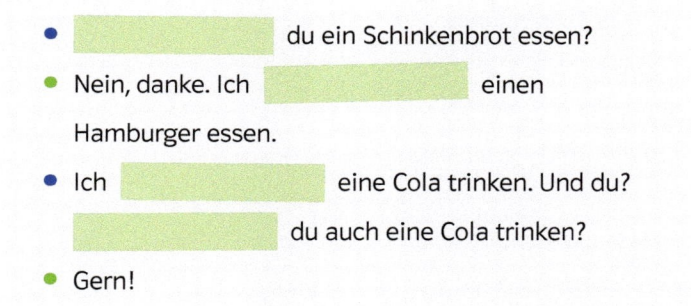

- _____ du ein Schinkenbrot essen?
- Nein, danke. Ich _____ einen Hamburger essen.
- Ich _____ eine Cola trinken. Und du? _____ du auch eine Cola trinken?
- Gern!

Wichtige Wörter

der Atlas, -se
Ich habe keinen Atlas.

das Buch, ¨er

die Flöte, -n

der Kugelschreiber, -

die Mappe, -n

der Marker, -
Der Marker ist rot.

das Matheheft, -e

das Mäppchen, -

der Laptop, -s

die Schultasche, -n

finden
Ich finde das Mathebuch nicht mehr.

kein
Ich habe kein Mathebuch.

nicht
Das Buch ist nicht interessant.
Ich finde mein Deutschbuch nicht.

interessant

kaputt

langweilig
Das Buch ist langweilig.

modern
Der Laptop ist modern.

praktisch

schwer
Die Schultasche ist schwer.

der Aufsatz, ¨e
Wir schreiben den Aufsatz für morgen.

brauchen
Brauchst du das Matheheft?

lesen
Wir lesen den Text auf Seite 23.

mit|bringen
Ihr bringt morgen den Atlas mit.

schreiben

die Seite, -n
Wir machen die Übung auf Seite 45.

der Text, -e
Max liest den Text.

die Übung, -en
Wir machen die Übung.

der Apfelsaft, ¨e

die Bratwurst, ¨e

der Durst (Singular)
Hast du (keinen) Durst?

essen
Was isst du?

die Frikadelle, -n

das Getränk, -e

das Glas, ¨er
ein Glas Tee

der Hamburger, -

der Hunger (Singular)
Ich habe (keinen) Hunger.

(ich) möchte
Ich möchte ein Wurstbrot (essen).

das Mineralwasser, -

nehmen
Was nimmst du, Hanna?

die Portion, -en
eine Portion Pommes

das Schinkenbrot, -e

die Speise, -n

die Tasse, -n
eine Tasse Kaffee

trinken

auf Deutsch
Wie heißt das auf Deustch?

klar
Alles klar?

Entschuldigung!

Landeskunde

1 Richtig (R) oder falsch (F)? Lies den Text und kreuze an.

Die Schultüte

Es ist so weit. Leonie ist 6 Jahre alt und heute ist ihr erster Schultag. Sie und ihre Eltern gehen zur Schule. Leonie hat einen Rucksack und ist sehr nervös. In den Händen hat sie aber auch etwas. Es ist bunt und groß. Was ist das nur? Das ist eine Schultüte, seit Anfang des 19. Jahrhunderts eine typisch deutsche Tradition. Jedes Schulkind bekommt am ersten Schultag seine Schultüte. Die Eltern kaufen diese Schultüte oder machen sie selbst zu Hause. Was finden wir in der Schultüte? Alles, was das Kind in der Schule braucht: eine Mappe, Stifte, ein Buch, Hefte … So kann Leonie lernen. Das ist aber nicht alles. Die Kinder finden in der Schultüte auch Spielsachen, Süßigkeiten oder Obst. Leonie ist froh. In ihrer Schultüte sind auch die leckeren Bonbons, die sie so liebt. Und ein Teddybär.

	R	F
1. Leonies Mutter und Vater gehen mit Leonie in die Schule.	☐	☐
2. Leonie hat keine Schultüte.	☐	☐
3. In eine Schultüte kommen viele Sachen.	☐	☐
4. Leonie bekommt eine Puppe.	☐	☐

Wie alt ist die Schultüte-Tradition?

2 Lies die Einladung von Leonie und antworte.

Einladung zur Einschulung

Mein erster Schultag ist am 10.08. Ich möchte feiern! Du kannst mich um 9.00 Uhr in der Grundschule als Schulkind sehen! Nach der Feier in der Schule gehen wir in die Pizzeria „Mamma mia!" Ich lade dich herzlich ein. Kommst du? Leonie

Betreff

Liebe Leonie,

Projektecke Unsere Schultüte

Macht in Gruppen eine große Schultüte für euren Freund. Was kommt in die Schultüte und was nicht? Benutzt auch ein Wörterbuch. Welche Gruppe hat die originellste Schultüte?

In die Schultüte für meinen Freund kommt ein / eine …

In die Schultüte für meinen Freund kommt kein / keine …

1 Wer liest welche Anzeige? Lies und ordne zu. > LESEN

A
Wer sucht sein Englisch-
buch? Es ist grün und heißt
„Green Line". Leider ist kein
Name auf der ersten Seite.
Wer hat jetzt kein Englisch-
buch? Hier ist meine
E-Mail-Adresse:
julian07_2@web.de

B
Ich brauche einen Laptop.
Zum Lernen, also für die
Schule. Mein Problem: Ich
habe nicht viel Geld. Der
Laptop muss nicht neu
sein. Bitte helft mir:
Wo kaufe ich am besten
den Laptop? Danke!
:-) 0173-2364571

C
Wir machen ein super, super interessantes Foto-Projekt! Dafür
fotografieren wir Schulsachen. Das kann alles sein: ein Buch, ein
Heft, vielleicht Stifte? Oder ein Malkasten, eine Schultasche,
Sportsachen und sogar ein Radiergummi. Ist das interessant? Ja?
Dann komm am Montag um 14:30 Uhr zur Foto-AG in den Raum 027.

Sebastian, 14
Er ist ein Computer-
experte und weiß
alles über Computer.

Martina, 13
Sie sucht seit 2 Tagen
ein Schulbuch. Darum
ist sie sehr traurig.

Marie, 15
Sie liebt Fotografieren und Kunst.
Sie interessiert sich für neue Ideen.

2 Schreib die Kurznachrichten zu Ende. > SCHREIBEN

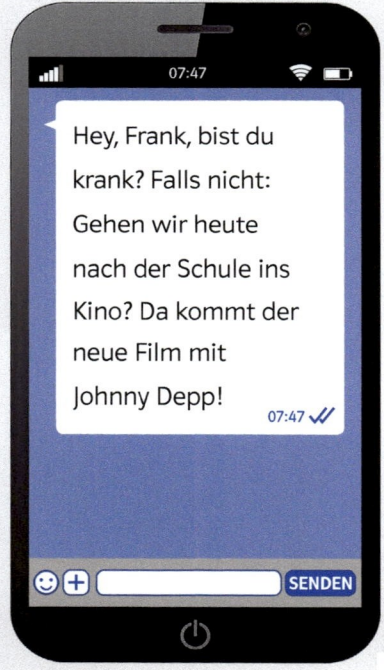

07:47

Hey, Frank, bist du
krank? Falls nicht:
Gehen wir heute
nach der Schule ins
Kino? Da kommt der
neue Film mit
Johnny Depp!

07:47 ✓✓

16:32

Hallo, Jan, 🤒

Frau Schneider hat
gesagt:

Alles klar?

16:32 ✓✓

• du noch krank sein?
• morgen wieder da sein?
• ihr morgen den Atlas mitbringen.

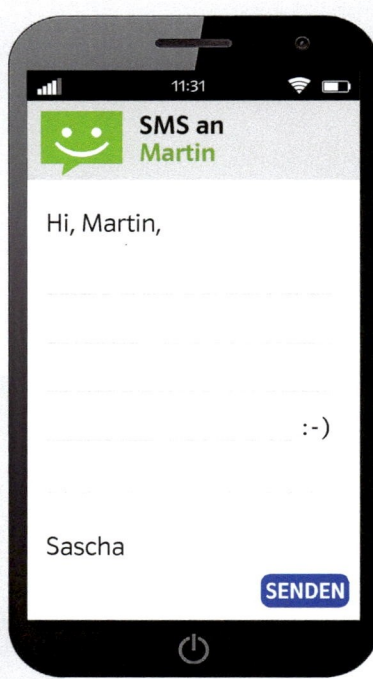

11:31

SMS an Martin

Hi, Martin,

:-)

Sascha

SENDEN

• du Hunger haben?
• nach Mathe zusammen
  Hamburger essen gehen?
• du Lust haben?

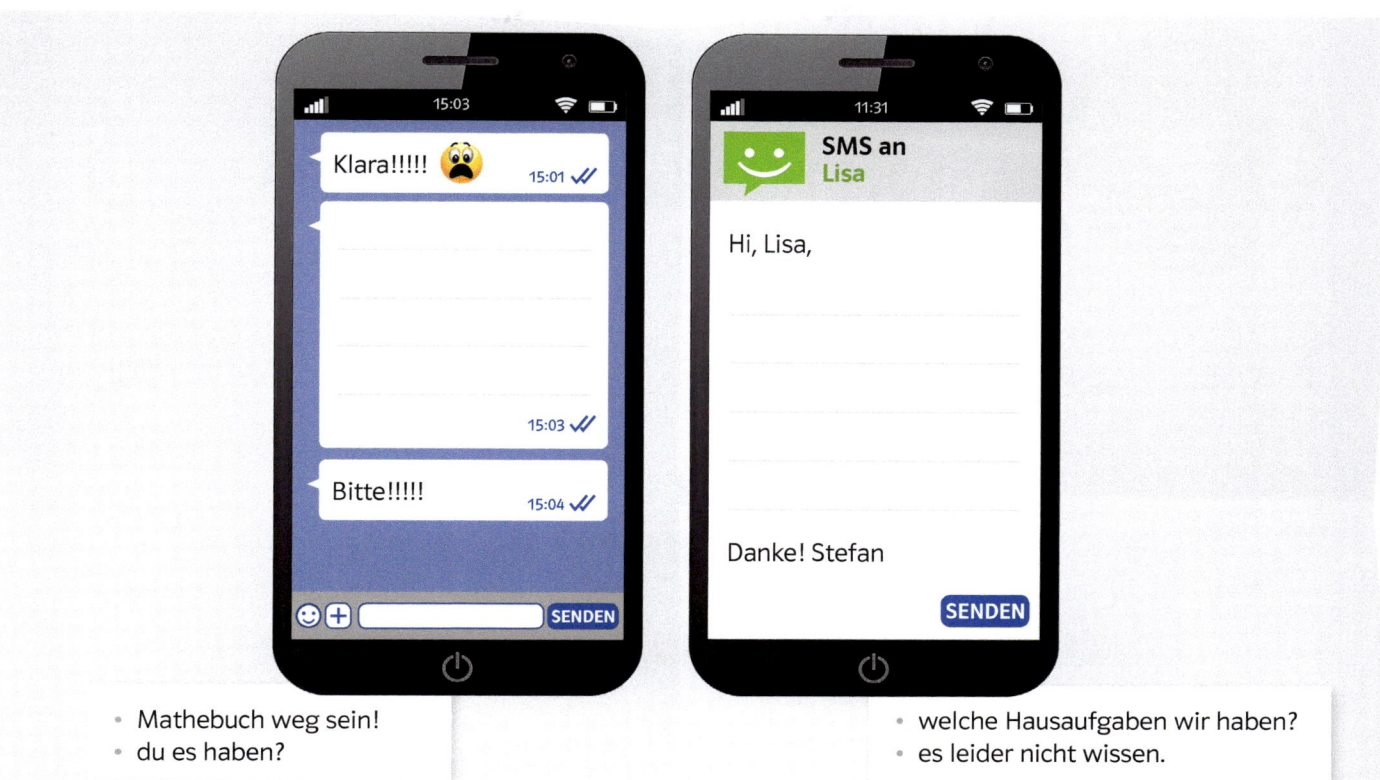

- Mathebuch weg sein!
- du es haben?

- welche Hausaufgaben wir haben?
- es leider nicht wissen.

3 Was essen / trinken sie in der Pause? Hör zu und kreuze an. > HÖREN ⊙ 52

	Hanna	Fabian	Mesut		Hanna	Fabian	Mesut
einen Schokoriegel				einen Apfel			
eine Banane				ein Stück Kuchen			
ein Schinkenbrot				einen Joghurt			
einen Saft				eine Cola			

4 Ergänze frei. Dann antworte. > SPRECHEN

Fabian, hast du alles dabei?

Hast du auch etwas zum Essen dabei?

Klar, ich habe ...

Natürlich!
Heute habe ich ...

Was hast du heute zum Essen?

Was hast du heute dabei?

VIDEOSTATION 2
ICH HABE SO EINEN HUNGER!

1 Wohin geht Fabian? Wohin geht Hanna? Rate mal! Kreuze an. > FILM 2 ▶️

Hallo, Hanna!

Was machst du denn hier?

Hallo, Fabian!

Und du? Was machst du?

1. Wohin geht Hanna?
   a. ☐ Sie geht shoppen.
   b. ☐ Sie geht zu Julia.
   c. ☐ Sie geht ins Kino.

2. Wohin geht Fabian?
   a. ☐ Er geht ins Stadion.
   b. ☐ Er geht zu Mesut.
   c. ☐ Er geht in den Jugendclub.

2 Sieh dir den ersten Videoteil an. Ist deine Vermutung richtig? > FILM 2 ▶️

3 Sieh dir den zweiten Videoteil an und notiere. > FILM 2 ▶️

Was nimmt Fabian?
_____
Fabian nimmt

Was nimmt Hanna?
_____
Hanna nimmt

4 Lies die Sätze und ergänze die Personen. Dann sieh dir den Film noch einmal an und kontrolliere. > FILM 2 ▶️

Fabian (F), Hanna (H) oder die Verkäuferin (V)?

	Wer sagt das?	Zu wem?
1. Ich hätte gern eine Bratwurst.		
2. Darf es was zu trinken sein?		
3. Eine Cola nehme ich auch gern.		
4. Was macht das?		
5. Klein oder groß?		
6. Und ein Euro zurück.		
7. Ich bin unentschlossen.		
8. Ich nehme nichts zu essen.		

5 Was bedeuten die Sätze in deiner Muttersprache? Übersetze sie.

6 Ergänze den Text.

Julia · trinkt · Senf · Hunger · kostet · Portion · lecker · Wurstbude · bezahlt · Jugendclub · essen · Bratwurst

Fabian trifft Hanna auf der Straße. Fabian geht in den _____ , Hanna geht zu _____

Fabian hat _____ und möchte etwas _____ . In der Nähe gibt es eine

_____ . Fabian nimmt eine _____ mit _____ und eine

_____ Pommes. Hanna _____ nur eine Cola. Die Bratwurst _____ 2,50 Euro.

Fabian _____ insgesamt 9,00 Euro. Fabian findet die Bratwurst sehr _____

7 Wer kann am schnellsten die Fragen beantworten?

1. Welche Farbe hat Hannas Tasche? 🔍
2. Um wie viel Uhr treffen sich Hanna und Fabian?
3. Was kostet 3,90 Euro?
4. Wie viele Personen essen am Tisch?

Bist du scharfsinnig?

A 1 Ergänze die Begrüßungen.

1. G▢▢en Tag! **2.** ▢▢üß dich! **3.** ▢allo! **4.** Willk▢▢▢▢n! **5.** T▢▢!

2 Was passt zusammen? Ordne zu.

1. ▢ Wie heißt du?   **a.** Das ist Herr Schröder.
2. ▢ Wer bist du?   **b.** Ich heiße Anna.
3. ▢ Wer ist das?   **c.** Ich bin Fabian.

3 Kennst du die Personen? Wer ist das?

1   2   3   4   5

▢▢
▢▢

Das ist Herr Schröder, der Deutschlehrer.

4 Wie heißen die Personen?

Tim · Nele · Andreas · Simone · Jasmin · Matthias · Uwe · Kim

S _____

M _____

K _____

T _____

A _____

N _____

U _____

J _____

Namen für Mädchen: _____

Namen für Jungen: _____

5 *Frau* oder *Herr*? Ergänze.

_____ Becker _____ Stein _____ Lange _____ und _____ Weber

6 Welche Zahl hörst du? Kreuze an. > HÖREN ▶ 1

1. a. ☐ 12   2. a. ☐ 1   3. a. ☐ 4   4. a. ☐ 5   5. a. ☐ 11
   b. ☐ 2   b. ☐ 10   b. ☐ 7   b. ☐ 9   b. ☐ 6
   c. ☐ 3   c. ☐ 8   c. ☐ 10   c. ☐ 3   c. ☐ 8

7 Schreib die Zahlen.

1. sieben ____   7. elf ____
2. drei ____   8. zwei ____
3. neun ____   9. zwölf ____
4. vier ____   10. eins ____
5. zehn ____   11. fünf ____
6. sechs ____   12. acht ____

Wie viel ist das?

8 Ergänze die Reihe.

____ | 2 zwei | 3 drei | 4 vier | ____ | ____ | ____ | 8 acht | 9 neun | ____ | 11 elf | ____

9 Was ist korrekt? Kreuze an.

1. a. ☐ zen   2. a. ☐ vier   3. a. ☐ seks   4. a. ☐ nuen
   b. ☐ zhen   b. ☐ vir   b. ☐ sechs   b. ☐ noin
   c. ☐ zehn   c. ☐ viert   c. ☐ zeks   c. ☐ neun

B 10 Was ist korrekt? Kreuze an.

1. a. ☐ Wie ghet's?   2. a. ☐ Schlecht.   3. a. ☐ Sher gut.   4. a. ☐ Es geht.
   b. ☐ Wi geht's?   b. ☐ Sclecht.   b. ☐ Sehr goot.   b. ☐ Es get.
   c. ☐ Wie geht's?   c. ☐ Schlekt.   c. ☐ Sehr gut.   c. ☐ Es ghet.

11 Wie geht's? Antworte.

 **1**

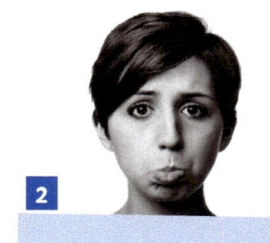 **2**

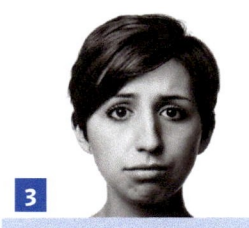 **3**

 **4**

12 Was antworten sie? Hör zu und ergänze. > HÖREN ▶ 2

 **1**

 **2**

- Hallo, Maja! Wie geht's dir?
- Danke, _____

- Guten Tag, Herr Bohlen. Wie geht's?
- Tag, Frau Moltke, _____

  Es geht mir gut.

 **3**

 **4**

- Hi, Marcus, wie geht's?
- Hallo, Melanie, danke, _____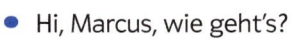

- Wie geht's, Stefan?
- _____ ! Und wie geht es dir?
- _____

13 Antworte.

1. • Hallo, bist du Fabian? (Mesut) • Nein, _____

2. • Servus, heißt du Helen? (Lena) • Nein, _____

3. • Herr Raabe? (Herr Korb) • Nein, _____

4. • Frau Moltke? (Frau Braun) • Nein, _____

14 Was passt zusammen? Ordne zu.

1. ____ Wie heißt du? **a.** Nein, ich bin Markus.

2. ____ Bist du Stefan? **b.** Ich bin Lisa.

3. ____ Heißt du Tina? **c.** Nein, ich heiße Karin.

4. ____ Hallo! Wer bist du? **d.** Ja, ich bin Markus.

5. ____ Tag! Bist du Markus? **e.** Ich heiße Jakob.

15 *Heißt* oder *heiße*? *Bist* oder *bin*? Ergänze.

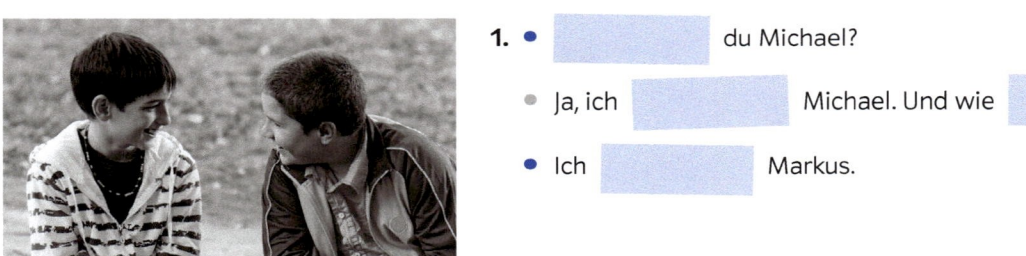

1. • _____ du Michael?

   • Ja, ich _____ Michael. Und wie _____ du?

   • Ich _____ Markus.

2. • Wer _____ du? _____ du Sophie?

   • Nein, ich _____ Lea.

3. • Ich _____ Martina. _____ du auch Martina?

   • Nein, ich _____ Martha.

16 Stell die Fragen.

1. ● _____ ? ● Ich bin Maria.

2. ● _____ ? ● Ich heiße Max Huber.

3. ● _____ ? ● Gut, danke!

4. ● _____ ? ● Meine Handynummer ist: 0178 4218726.

5. ● _____ ? ● Das ist Herr Schröder.

17 Übersetze.

1. Ich bin Frau Braun.

2. Wie heißt du?

3. Das ist Mesut.

4. Grüß dich, Hanna!

5. Willkommen in der Klasse 9A!

6. Ich bin Deutschlehrer.

18 Hör zu und notiere die Handynummern. > HÖREN ▶ 3

Frau Schmidt

Lukas

Stefanie

Jan

1. Die Handynummer von Frau Schmidt ist: _____

2. Die Handynummer von Lukas ist: _____

3. Die Handynummer von Stefanie ist: _____

4. Die Handynummer von Jan ist: _____

C 19 *Der, die* oder *das*? Ergänze.

1.   Kamera   5.   Buch   9.   Tablet

2.   Laptop   6.   Lunchbox   10.   Handy

3.   Trinkflasche   7.   Kuli   11.   Rucksack

4.   USB-Stick   8.   Heft   12.   Maus

20 *Ein* oder *eine*? Ergänze.

1.   Lunchbox   5.   Maus   9.   Buch

2.   Kuli   6.   Tablet   10.   USB-Stick

3.   Rucksack   7.   Kamera   11.   Trinkflasche

4.   Laptop   8.   Heft   12.   Handy

21 Finde 10 Wörter.

A	U	S	B	-	S	T	I	C	K	I	J
B	C	D	E	F	G	H	O	N	M	L	K
T	R	I	N	K	F	L	A	S	C	H	E
A	P	R	S	U	T	U	W	Y	X	Z	A
B	U	C	H	L	E	N	O	S	L	E	Z
L	B	C	A	I	F	C	H	I	A	K	O
E	W	I	N	M	N	H	E	F	P	A	P
T	E	A	D	S	Z	B	K	M	T	M	S
O	S	O	Y	N	E	O	W	A	O	E	M
C	X	C	V	K	J	X	F	R	P	R	A
P	U	J	W	E	A	L	I	H	L	A	U
K	O	R	U	C	K	S	A	C	K	X	S

1.

2.

3.

4.

5.

6.

7.

8.

9.

10.

22 Was ist das? Ergänze die Buchstaben.

1. TRI ☐ ☐ FLA ☐ ☐ E

2. RU ☐ SA ☐ ☐

3. B ☐ ☐ H

4. ☐ AM ☐ A

5. K ☐ L ☐

6. T ☐ ☐ L ☐ T

23 Bilde Sätze.

1. rot / Lunchbox / die / ist

4. Rucksack / blau / ist / der

2. das / ist / weiß / Handy

5. braun / das / Buch / ist

3. ist / Maus / die / grau

6. die / gelb / Trinkflasche / ist

24 Übersetze.

1. silbern

2. violett

3. weiß

4. grün

5. blau

6. schwarz

7. rot

8. rosa

9. grau

10. gelb

11. orange

12. braun

25 Welche Farben sind das? Ordne die Buchstaben.

1. AUGR

2. ERNSILB

3. TOR

4. WARZSCH

5. ÜGRN

6. ASOR

7. BELG

8. GERANO

26 Mein(e) oder dein(e)? Ergänze.

1. Mein Handy und _dein_ Handy.

2. _Meine_ Kamera und _____ Kamera.

3. _____ USB-Stick und mein USB-Stick.

4. _____ Buch und mein Buch.

5. Dein Kuli und _____ Kuli.

6. _____ Trinkflasche und _____ Trinkflasche.

27 Antworte.

1. • Mein Handy ist rosa. Wie ist dein Handy?

   ◦ _____

2. • Meine Maus ist rot. Wie ist deine Maus?

   ◦ _____

3. • Mein Tablet ist schwarz. Wie ist dein Tablet?

   ◦ _____

4. • Meine Lunchbox ist blau. Wie ist deine Lunchbox?

   ◦ _____

5. • Mein Kuli ist silbern. Wie ist dein Kuli?

   ◦ _____

6. • Mein Buch ist bunt. Wie ist dein Buch?

   ◦ _____

7. • Meine Kamera ist grün. Wie ist deine Kamera?

   ◦ _____

8. • Mein Heft ist gelb. Wie ist dein Heft?

   ◦ _____

28 Welche Antwort passt? Kreuze an.

1. Hallo, Julia!

   a. ☐ Guten Tag, Frau Krause.

   b. ☐ Auf Wiedersehen, Frau Krause.

2. Grüß dich, Stefan!

   a. ☐ Tschüs, Hanna!

   b. ☐ Hallo, Hanna!

3. Willkommen, Herr und Frau Kranz!

   a. ☐ Guten Tag.

   b. ☐ Tschüs, Herr Kranz!

4. Auf Wiedersehen, Frau Koschke!

   a. ☐ Tschüs, Anton!

   b. ☐ Grüß dich, Anton!

5. Tag, Fabian!

   a. ☐ Bis bald, Steffi!

   b. ☐ Grüß dich, Steffi!

6. Bis dann, Martin!

   a. ☐ Auf Wiedersehen, Herr Boll.

   b. ☐ Guten Tag, Herr Boll.

Wörtertraining

1 Grüße. Ordne zu.

Hallo! • Hi! • Tag! • Tschüs! • Guten Tag! • Servus! • Grüß dich! • Bis bald! • Willkommen! •
Auf Wiedersehen! • Servus!

Begrüßung	Verabschiedung

2 Ergänze die SMS.

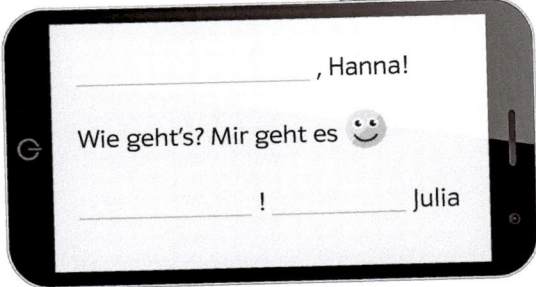

_____ , Hanna!

Wie geht's? Mir geht es ☺

_____ ! _____ Julia

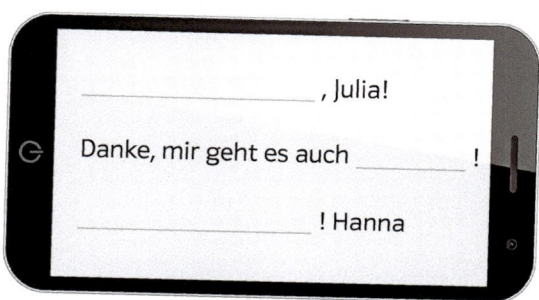

_____ , Julia!

Danke, mir geht es auch _____ !

_____ ! Hanna

3 Was ist blau? Was ist …? Finde Beispiele im Wörterbuch.

1. _____ ist schwarz.

2. _____ ist rosa.

3. _____ ist gelb.

4. _____ ist braun.

5. _____ ist grün.

6. _____ ist blau.

7. _____ ist rot.

8. _____ ist schwarz-weiß.

4 Kennst du die Farben? Übersetze.

1. dunkelblau _____

2. hellbraun _____

3. dunkelgrün _____

4. hellblau _____

MEINE FREUNDE UND BEKANNTEN

A 1 Was passt zusammen? Ordne zu.

1. ☐ Wie geht es Ihnen?
2. ☐ Bist du Max?
3. ☐ Wie alt bist du?
4. ☐ Wo wohnst du?
5. ☐ Heißt du Anne?
6. ☐ Hallo! Wer bist du?

a. Nein, ich heiße Nina.
b. In der Hauptstraße 87.
c. Danke, sehr gut!
d. Ich bin Maria.
e. Nein, ich bin Daniel.
f. Ich bin 14.

2 Bilde Sätze.

1. Lukas / bin / ich
2. Ihnen / geht / es / wie / ?
3. du / Hanna / alt / wie / bist / ?
4. es / sehr gut / mir / geht
5. wohne / in der / ich / Parkstraße
6. wie / dir / es / geht / ?

3 Wie geht es dir? Antworte.

1. Es geht   2. Es geht   3. Es geht

4 Wie geht es …? Ergänze.

Frau Richter   Lea   Herr Bauer

Johanna   Felix   Herr Fuchs

1. Frau Richter geht es

2. Lea geht es

3. Herrn Bauer geht es

4. Johanna geht es

5. Felix geht es

6. Herrn Fuchs geht es

5 Welcher Satz passt? Ordne zu.

A. Wie geht es dir? • **B.** Wie geht es Ihnen?

1. Guten Tag, Herr Beckmann.

2. Tag, Frau Stein.

3. Hallo, Petra.

4. Guten Tag, Frau Meier.

5. Guten Morgen, Herr Direktor.

6. Grüß dich, Fabian.

6 Welche Zahl ist das?

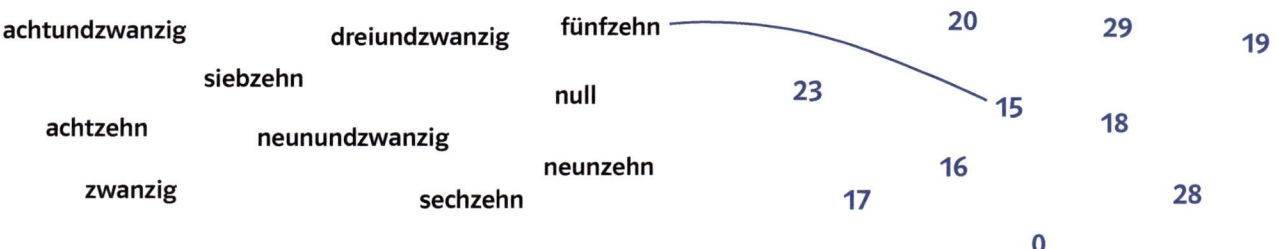

achtundzwanzig   dreiundzwanzig   fünfzehn   20   29   19

siebzehn   null   23   15   18

achtzehn   neunundzwanzig   16

zwanzig   neunzehn   28

sechzehn   17   0

7 Schreib die Zahlen in Buchstaben.

18		28	
16		20	
29		0	
32		15	
17		19	

8 Welche Zahl ist das?

siebenunddreißig

einhundertelf

fünfzig

dreiundvierzig

vierundachtzig

zweiundzwanzig

sechsundsechzig

achtundachtzig

zweihundertzwanzig

dreihundertzwei

9 Welche Zahl hörst du? Kreuze an. > HÖREN ▶ 4

1. a. 12
b. 20
c. 22

2. a. 13
b. 30
c. 33

3. a. 14
b. 40
c. 44

4. a. 15
b. 50
c. 55

5. a. 16
b. 60
c. 66

6. a. 17
b. 70
c. 77

7. a. 18
b. 80
c. 88

8. a. 19
b. 90
c. 99

10 Ergänze: *-zehn* oder *-zig*?

13 drei

50 fünf

15 fünf

17 sieb

90 neun

17 sieb

60 sech

16 sech

11 Was kostet das? Hör zu und kreuze an. > HÖREN ▶ 5

Situation 1:	€ 4,30	€ 34,00	€ 3,40
Situation 2:	€ 23,00	€ 32,00	€ 30,20
Situation 3:	€ 50,50	€ 15,50	€ 55,00
Situation 4:	€ 72,00	€ 27,00	€ 7,20
Situation 5:	€ 60,00	€ 16,60	€ 66,00

Entschuldigung, was kostet das?

Das kostet …

12 Wie viel ist das?

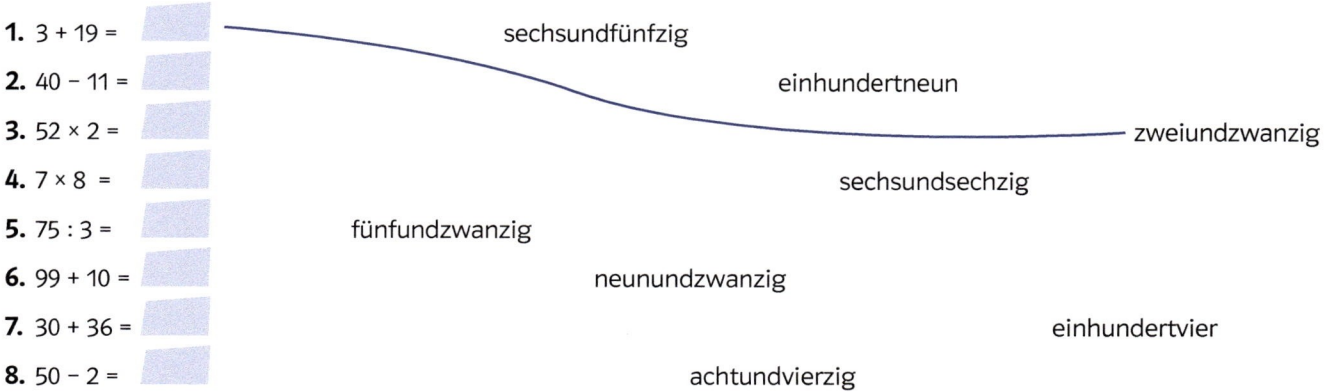

1. 3 + 19 =   sechsundfünfzig

2. 40 − 11 =   einhundertneun

3. 52 × 2 =   zweiundzwanzig

4. 7 × 8 =   sechsundsechzig

5. 75 : 3 =   fünfundzwanzig

6. 99 + 10 =   neunundzwanzig

7. 30 + 36 =   einhundertvier

8. 50 − 2 =   achtundvierzig

13 Zahlendiktat. Hör zu und notiere die Zahlen. > HÖREN ▶ 6

14 Wie viel macht das zusammen?

1. Ein Heft kostet 2,50 € und ein Buch kostet 28,50 €.

Das macht zusammen: *einunddreißig*   Euro.

2. Ein Kuli kostet 2,30 € und ein USB-Stick kostet 16,80 €.

Das macht zusammen: Euro.

3. Eine Lunchbox kostet 3,70 € und eine Trinkflasche kostet 6,40 €.

Das macht zusammen: Euro.

4. Eine Maus kostet 8,99 € und ein Laptop 399,00 €.

Das macht zusammen: Euro.

5. Eine Kamera kostet 134,99 € und ein Tablet kostet 59,99 €.

Das macht zusammen: Euro.

15 Wie ist die Handynummer von Thomas? Hör zu und notiere. > HÖREN ▶ 7

16 Wo wohnen die Personen? Ergänze die Sätze.

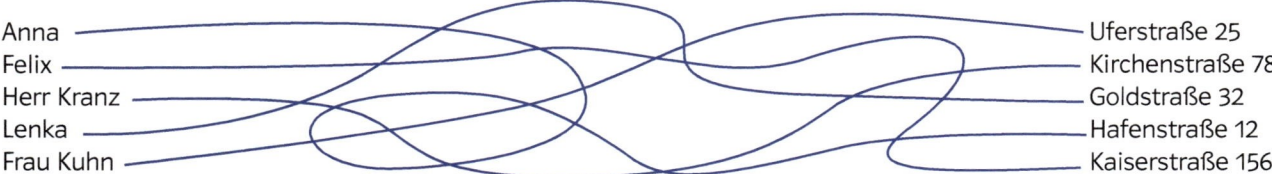

Anna   Uferstraße 25
Felix   Kirchenstraße 78
Herr Kranz   Goldstraße 32
Lenka   Hafenstraße 12
Frau Kuhn   Kaiserstraße 156

1. Anna wohnt in Hamburg. Die Adresse von Anna ist:

2. Felix kommt aus Wien. Die Adresse von Felix ist:

3. Herr Kranz wohnt in Dresden. Die Adresse von Herrn Kranz ist:

4. Lenka kommt aus Prag. Die Adresse von Lenka ist:

5. Frau Kuhn wohnt in Berlin. Die Adresse von Frau Kuhn ist:

B 17 *Er* oder *sie*? Ordne zu.

er:

sie:

Jonas   Gabriele   Katja   Joshua   Eva

Sebastian   Andrea   Rita

18 Ergänze die Tabelle.

	wohnen	kommen	heißen	spielen
ich		komme	heiße	
du	wohnst			
er, sie				spielt

19 **Wo** oder **woher**? Stell die Frage.

1. Ich wohne **in Frankfurt.**   Wo wohnst du?

2. Franz kommt **aus Österreich.**

3. Tina wohnt **in Berlin.**

4. Herr Johnson kommt **aus Amerika.**

5. Frau Braun wohnt **in Hamburg.**

6. Ich komme **aus Italien.**

20 Woher kommen die Jugendlichen? Ergänze die Sätze.

1. Lenka kommt   , sie wohnt in Prag.

2. Sven kommt   , er wohnt in Stockholm.

3. Bianka kommt   , sie wohnt in Wien.

4. Adam kommt   , er wohnt in Warschau.

5. Lukas kommt   , er wohnt in Berlin.

6. Marina kommt   , sie wohnt in Moskau.

Woher kommen deine Facebook-Freunde?

Wo wohnen sie?

21 Stell die Leute vor.

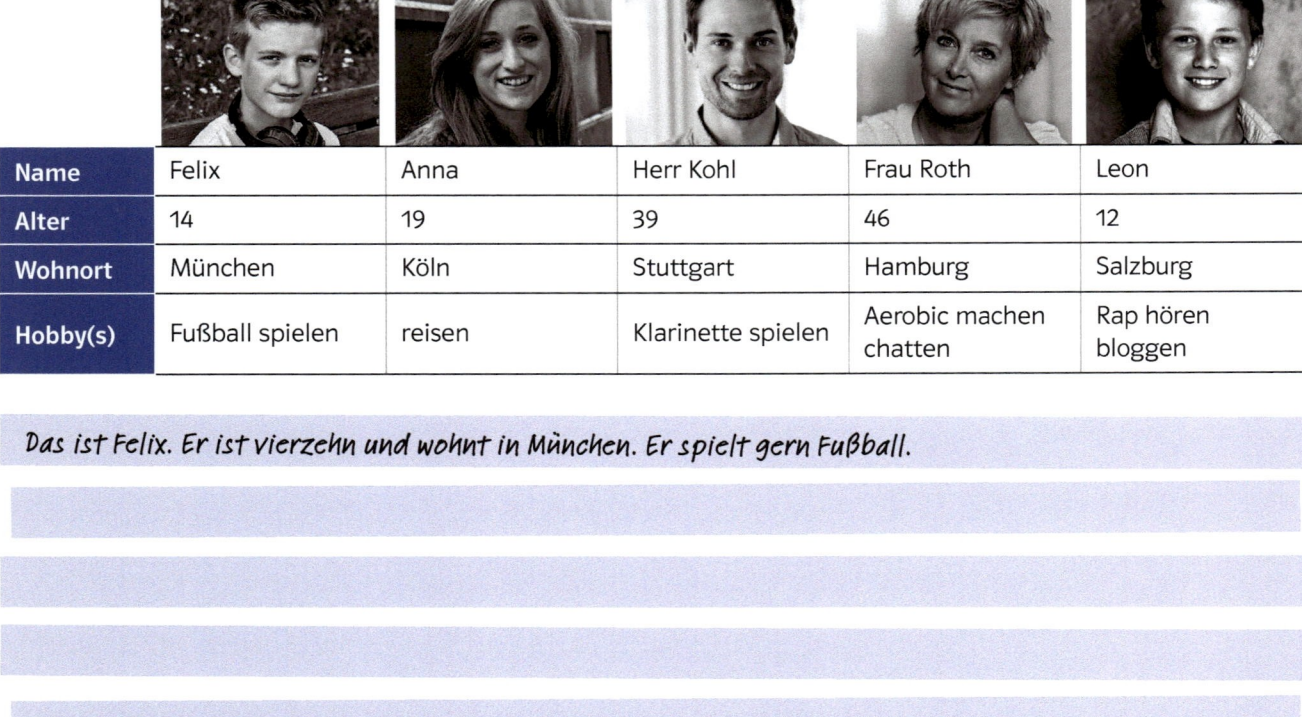

Name	Felix	Anna	Herr Kohl	Frau Roth	Leon
Alter	14	19	39	46	12
Wohnort	München	Köln	Stuttgart	Hamburg	Salzburg
Hobby(s)	Fußball spielen	reisen	Klarinette spielen	Aerobic machen chatten	Rap hören bloggen

Das ist Felix. Er ist vierzehn und wohnt in München. Er spielt gern Fußball.

C 22 Was machen die Jugendlichen? Hör zu und kreuze an. > HÖREN ▶ 8

Rad fahren

Videogames spielen

schwimmen

Fußball spielen

Flöte spielen

Tennis spielen

23 Ergänze die Endungen.

1. ● Ich spiel☐ Klarinette. Und du?

   ● Ich spiel☐ Gitarre.

2. ● Wo wohn☐ Peter?

   ● Er wohn☐ in Berlin.

3. ● Hör☐ du gern Musik?

   ● Ja, ich hör☐ gern Rock und Rap.

4. ● Jogg☐ du gern?

   ● Nein, ich schwimm☐ gern.

5. ● Surf☐ du gern im Internet?

   ● Ja, ich surf☐ sehr gern im Internet.

6. ● Wie heiß☐ dein Deutschlehrer?

   ● Er heiß☐ Müller.

7. ● Wo arbeit☐ Sebastian?

   ● Er arbeit☐ bei der Bank.

8. ● Wer komm☐ aus Dresden?

   ● Karin Weber komm☐ aus Dresden.

9. ● Studier☐ Karin Medizin?

   ● Nein, sie studier☐ Architektur.

10. ● Was mach☐ Sebastian gern?

    ● Er geh☐ joggen.

24 Lies die E-Mail und antworte.

von	Melanie
Betreff	Hallo!

Hallo!
Ich heiße Melanie. Ich bin 14 Jahre alt und wohne in Augsburg. Meine Hobbys: Musik, Inlineskaten und Rap. Und du? Wie alt bist du? Wo wohnst du? Was machst du gern?

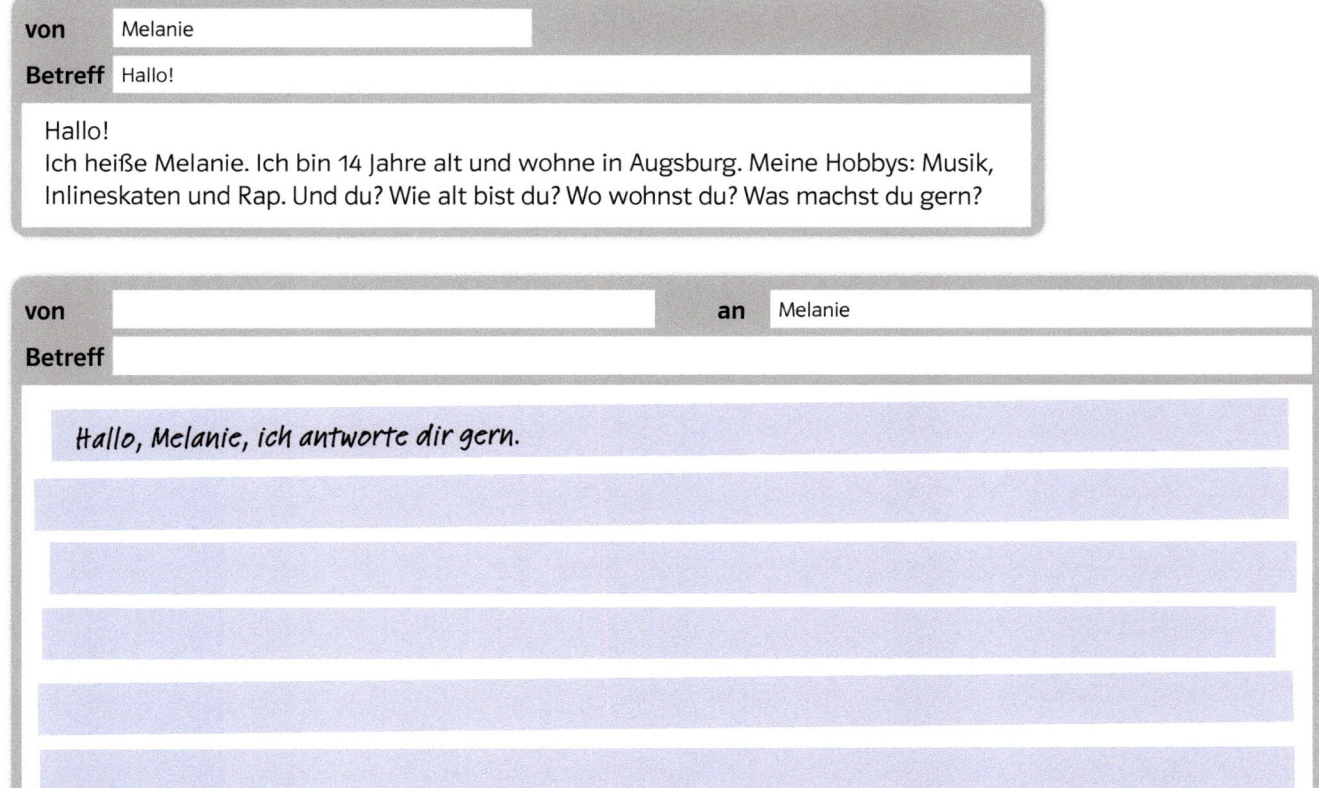

von		an	Melanie
Betreff			

Hallo, Melanie, ich antworte dir gern.

25 Schreib Texte über Peter, Anna, Sonja und Georg.

Peter
- 14
- Dresden
- Deutschland
- Kaiserstraße 14
- Autos, Golf spielen

Peter ist 14 Jahre alt und wohnt in Dresden.

Dresden liegt in Deutschland.

Peter wohnt in der Kaiserstraße 14.

Er mag Autos und spielt gern Golf.

Anna
- 15
- Kraków
- Polen
- Königstraße 8
- Mode, Computerspiele

Sonja
- 14
- Katzen, joggen
- Hamburg
- Deutschland
- Hafenstraße 9

Georg
- 14
- Sofia
- Bulgarien
- Sport, Deutsch lernen
- Parkstraße 12

26 Antworte.

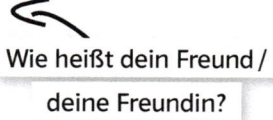

Wie heißt dein Freund / deine Freundin?

Wo wohnt er / sie?

Wie alt ist er / sie?

Was macht er / sie gern?

Wörtertraining

1 Was magst du (nicht)? Antworte.

Comics • Pferde • Bücher • Fußball • Musik • Schach • Aerobic • Internet • Jogging • Mozart •
Computerspiele • Rap • Rock • Mathematik • Deutsch • …

Ich mag

Ich mag nicht.

2 Ergänze die Lücken.

spiele • sind • mag • zeichnen • heiße • komme

Ich   Maria und bin 14 Jahre alt. Ich   aus Italien, aber ich

wohne jetzt in Deutschland, in Berlin. Meine besten Freunde Kai, Sandra und Stefan wohnen

auch in Berlin. Ich mag meine Freunde sehr. Ich   auch Frau Schröder, sie ist

meine Englischlehrerin. Meine Hobbys   im Internet surfen und Comics

. Ich chatte gern mit Kai, Sandra und Stefan. Ich mag auch Sport, ich   gern

Basketball und mache Aerobic.

3 Übersetze die Straßennamen.

Was bedeuten diese Wörter?
Finde sie im Wörterbuch.

das Ufer   der Hafen

der Kaiser   das Gold

1. **Uferstraße**

2. **Kaiserstraße**

3. **Hafenstraße**

4. **Goldstraße**

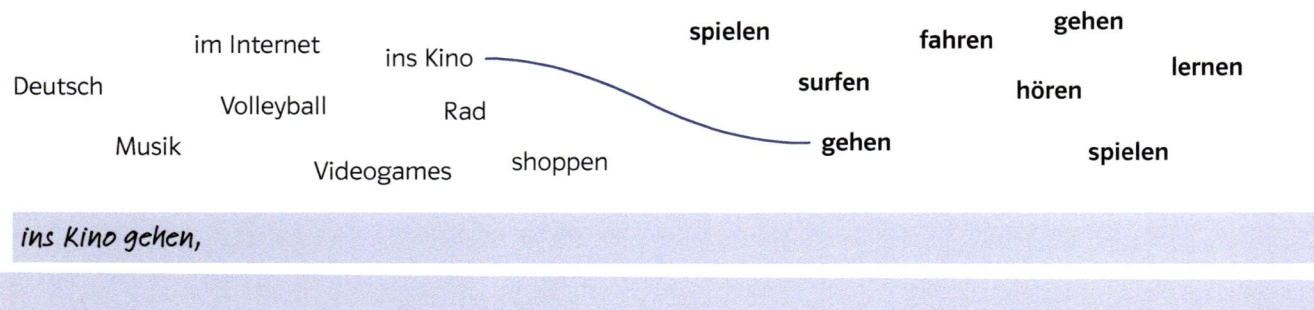

Lektion 3 — WAS MACHT IHR HEUTE NACHMITTAG?

A 1 Was passt zusammen? Ordne zu.

1. ☐ Um wie viel Uhr spielt ihr?
2. ☐ Was macht ihr heute?
3. ☐ Kommt ihr mit?

a. Ja, gern.
b. Wir beginnen um 15.00 Uhr.
c. Wir gehen Fußball spielen.

2 Aktivitäten. Was passt zusammen? Ordne zu.

Deutsch   im Internet   ins Kino   spielen   fahren   gehen

Volleyball   Rad   surfen   hören   lernen

Musik   Videogames   shoppen   gehen   spielen

ins Kino gehen,

3 Bilde Sätze mit den Verben und Wörtern aus 2.

1. Wir   *gehen*   heute Nachmittag   *ins Kino.*

2. Ihr   heute Nachmittag

3. Max und Leon   heute Nachmittag

4. Frau Müller   heute Nachmittag

5. Du   heute Nachmittag

6. Alina   heute Nachmittag

7. Wir   heute Nachmittag

8. Ich   heute Nachmittag

4 Ergänze die Tabelle.

	wohnen	spielen	gehen	kommen	surfen
ich					
du					
er, sie					
wir					
ihr					
sie, Sie	wohnen	spielen	gehen	kommen	surfen

5 Bilde Sätze.

1. ihr / heute / **Was** / macht / Nachmittag / ?   Was

2. Fußball / gehen / spielen / **Wir** / heute

3. **Um** / spielt / Uhr / ihr / wie viel / ?

4. **Gehst** / shoppen / heute / du / ?

5. Deutsch / heute / lernen / **Wir** / Nachmittag

6. **Um** / hörst / wie viel / Musik / du / Uhr / ?

7. **Marianne** / im Internet / surft / heute

6 Bilde W-Fragen.

Was? • Um wie viel Uhr? • Wo? • Wohin? • Wer?

1. • _____ ?   • Ich fahre heute Rad.

2. • _____ ?   • Leon geht ins Kino.

3. • _____ ?   • Wir spielen um 15.00 Uhr.

4. • _____ ?   • Inge und Ivo.

5. • _____ ?   • Wir machen Musik im Club.

7 Bilde Fragen.

1. ● *Kommt ihr mit* _____ ?
2. ● _____ ?
3. ● _____ ?
4. ● _____ ?
5. ● _____ ?

● Nein, wir kommen nicht mit.

● Ja, wir gehen heute shoppen.

● Ja, wir spielen um 15.00 Uhr Handball.

● Ja, wir gehen zusammen ins Kino.

● Nein, wir lernen heute Deutsch.

8 Ergänze die Endungen.

1. Wir lern[____] heute alle zusammen Mathe.

2. Max spiel[____] heute Fußball.

3. Was mach[____] ihr heute Abend? Geh[____] ihr ins Kino?

4. Ich geh[____] joggen. Komm[____] du mit?

5. Spiel[____] ihr zusammen in einer Band?

6. Wann mach[____] ihr Hausaufgaben?

7. Markus, surf[____] du heute im Internet?

B 9 Wie spät ist es? Ordne zu.

1. [____] 6.10
2. [____] 15.45
3. [____] 12.30
4. [____] 6.35
5. [____] 9.30
6. [____] 18.15
7. [____] 16.55
8. [____] 13.25

a. Viertel nach sechs
b. zehn nach sechs
c. fünf vor halb zwei
d. halb eins
e. fünf vor fünf
f. Viertel vor vier
g. fünf nach halb sieben
h. halb zehn

Es ist schon spät!

10 Schreib die Uhrzeiten wie im Beispiel.

1. 19.30   Es ist neunzehn Uhr dreißig. / Es ist halb acht.

2. 14.45

3. 20.10

4. 18.40

5. 15.25

6. 13.35

7. 17.15

8. 16.50

11 Wie spät ist es? Hör zu und kreuze an. > HÖREN ⊙ 9

Situation 1:	8.30		9.30
Situation 2:	14.10		13.50
Situation 3:	12.05		11.55
Situation 4:	6.45		7.15
Situation 5:	10.25		10.35

12 Wie spät ist es? Schreib die Uhrzeiten.

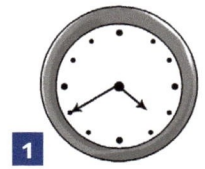 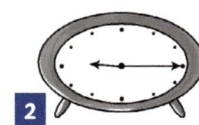 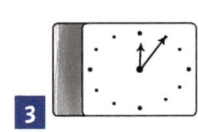  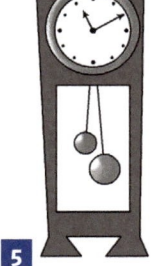 

1 **2** **3** **4** **5** **6**

1.

2.

3.

4.

5.

6.   Es ist fünf vor acht.

13 Ergänze die Antworten.

1. ● Wann macht ihr Hausaufgaben? (16.15) ○ Um *Viertel nach vier.*

2. ● Wann lernt ihr Mathe? (12.30) ○ Um

3. ● Wann geht ihr joggen? (18.45) ○ Um

4. ● Wann beginnt die Schule? (8.10) ○ Um

5. ● Wann ist Pause? (10.40) ○ Um

6. ● Wann ist die Schule aus? (13.25) ○ Um

7. ● Wann fährt der Bus? (13.50) ○ Um

8. ● Wann geht ihr ins Kino? (20.20) ○ Um

14 Hör zu und ergänze die Antworten. > HÖREN ▶ 10

1. ● Um wie viel Uhr gehst du zur Schule? ○ Ich gehe um _____ zur Schule.

2. ● Um wie viel Uhr beginnt die Schule? ○ Die Schule beginnt um _____

3. ● Um wie viel Uhr hast du Deutsch? ○ Um _____ habe ich Deutsch.

4. ● Um wie viel Uhr machst du Hausaufgaben? ○ Ich mache um _____ Hausaufgaben.

5. ● Um wie viel Uhr spielst du Videogames? ○ Ich spiele um _____ Videogames.

6. ● Um wie viel Uhr gehst du schlafen? ○ Ich gehe um _____ schlafen.

C 15 Ergänze: *der, die* oder *das*?

1. _____ Tennisclub   5. _____ Eisdiele

2. _____ Park   6. _____ Jugendzentrum

3. _____ Kino   7. _____ Pizzeria

4. _____ Schwimmbad   8. _____ Turnhalle

16 Was passt zusammen? Ordne zu.

Volleyball spielen

joggen

Pizza essen

Tennis spielen

Film sehen

Freunde treffen

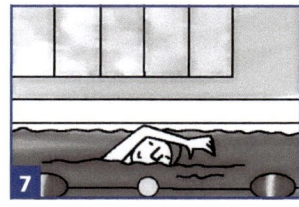

schwimmen

Eis essen

 der Tennisclub

 die Eisdiele

☐ der Park

☐ das Jugendzentrum

 das Kino

☐ die Pizzeria

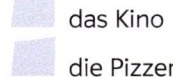 das Schwimmbad

☐ die Turnhalle

17 Was ist richtig: a, b oder c? Kreuze an.

1. Wir gehen … Kino.

a. ☐ in den

b. ☐ in die

c. ☐ ins

2. Wir gehen … Park.

a. ☐ in den

b. ☐ in die

c. ☐ ins

3. Wir gehen … Jugendzentrum.

a. ☐ in den

b. ☐ in die

c. ☐ ins

4. Wir gehen … Turnhalle.

a. ☐ in den

b. ☐ in die

c. ☐ ins

5. Wir gehen … Tennisclub.

a. ☐ in den

b. ☐ in die

c. ☐ ins

6. Wir gehen … Pizzeria.

a. ☐ in den

b. ☐ in die

c. ☐ ins

7. Wir gehen … Schwimmbad.

a. ☐ in den

b. ☐ in die

c. ☐ ins

8. Wir gehen … Eisdiele.

a. ☐ in den

b. ☐ in die

c. ☐ ins

Wohin gehst du gern?

18 Wo, *wohin* oder *woher*? Stell die Frage.

1. Herr Böhm arbeitet **in Frankfurt**. Wo arbeitet Herr Böhm?

2. Timo geht heute **ins Kino**.

3. Max kommt **aus Berlin**.

4. Lara geht heute **in den Park**.

5. Karin studiert **in Berlin**.

6. Laura kommt **aus Rom**.

19 Bilde Sätze.

1. **Wir** / in / Pizzeria / heute Abend / gehen / die   Wir

2. **Frau Stein** / den / heute / in / Park / geht

3. gehe / ins / **Ich** / heute Abend / Kino

4. ihr / in / **Kommt** / Eisdiele / die / um 19.00 Uhr / ?

5. Timo / geht / heute Abend / **Wohin** / ?

6. **Gehst** / heute / du / Schwimmbad / ins / ?

7. **Wir** / Jugendzentrum / gehen / ins / heute Nachmittag

20 Formuliere die Fragen an Frau Fuchs.

Fragen an Anne:

Fragen an Frau Fuchs:

1. Bist du aus Italien?   Sind Sie aus Italien?

2. Spielst du Tennis?

3. Wohnst du in Berlin?

4. Kommst du aus Leipzig?

5. Gehst du ins Kino?

6. Arbeitest du in Frankfurt?

7. Fährst du gern Rad?

21 Formuliere die Fragen.

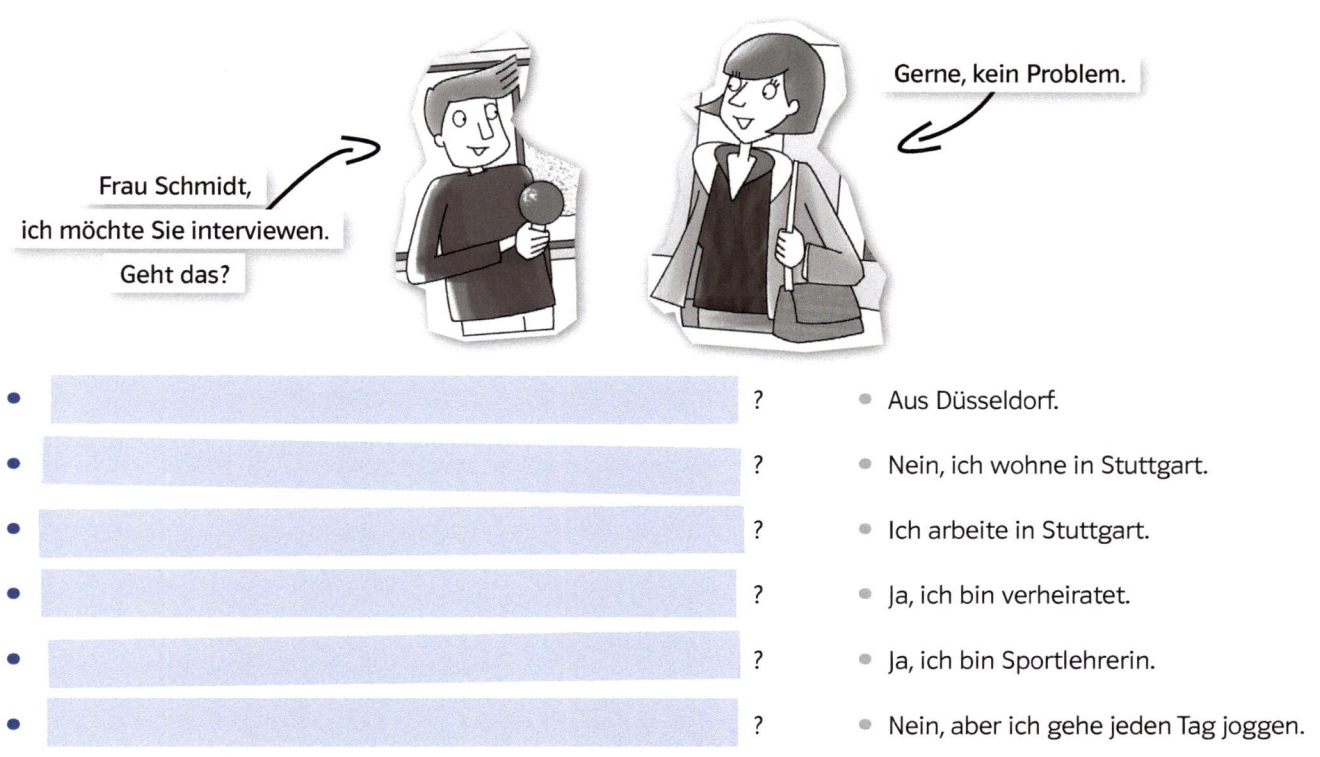

Frau Schmidt, ich möchte Sie interviewen. Geht das?

Gerne, kein Problem.

- _____ ?   • Aus Düsseldorf.
- _____ ?   • Nein, ich wohne in Stuttgart.
- _____ ?   • Ich arbeite in Stuttgart.
- _____ ?   • Ja, ich bin verheiratet.
- _____ ?   • Ja, ich bin Sportlehrerin.
- _____ ?   • Nein, aber ich gehe jeden Tag joggen.

22 Schreib die Fragen. Dann hör zu und kontrolliere. > HÖREN ⏵ 11

1. • _____ ?

• Ich heiße Franz Weiß.

2. • _____ ?

• Ich bin Manager.

3. • _____ ?

• In Hanau. Das liegt bei Frankfurt.

4. • _____ ?

• Nein, ich bin Single.

5. • _____ ?

• Ich treibe Sport und höre Musik.

6. • _____ ?

• Ich bin 39.

23 Ergänze die Endungen.

1. Wir geh _____ alle zusammen ins Kino.

2. Timo und Tina spiel _____ jeden Tag Tennis.

3. Frau Stein, wo wohn _____ Sie?

4. Max und Alex lern _____ heute Nachmittag

   Deutsch zusammen.

5. Wohin geh _____ du heute Abend?

6. Was mach _____ ihr im Jugendzentrum?

7. Meine Freunde komm _____ aus Berlin.

8. Herr Müller, wo arbeit _____ Sie?

9. Um wie viel Uhr mach _____ du heute

   Hausaufgaben?

10. Herr Direktor, geh _____ Sie oft Tennis spielen?

24 Ergänze die Sätze wie im Beispiel.

1. Ich komme aus Deutschland.

   Mario *kommt aus Deutschland.*

   Mario und Lukas _____

2. Ich spiele Tennis.

   Tina _____

   Meine Freunde _____

3. Ich arbeite als Manager.

   Herr Weiß _____

   Sie (Plural) _____

4. Ich fahre gern Rad.

   Mein Bruder _____

   Meine Eltern _____

25 Ergänze den Text.

arbeitet · fährt · hat · unterrichtet · treibt · wohnt · ist

Herr Müller ist Lehrer. Er _____ 27 Jahre alt und _____ Englisch und Deutsch.

Er _____ in Berlin, aber er _____ in Potsdam an einem Gymnasium.

Jeden Tag _____ er mit dem Zug zur Arbeit. Er _____ vier Klassen und viele

Schüler. Am Nachmittag _____ er Sport: Kickboxen und Karate. Super!

Wörtertraining

1 Welche Aktivität passt zu Moni, welche zu Ben? Ergänze.

2 Interview mit Bill Kaulitz. Formuliere die Fragen.

Meine Fragen an Bill Kaulitz:

Was _____ ?

Wo _____ ?

Um wie viel Uhr _____ ?

3 Lies die SMS und ergänze sie.

Hi, Markus! Gehen wir heute

_____ Kino? Der Film beginnt

_____ 18.30 Uhr.

Thomas

Hallo, Thomas! Ja, gern! Gute _____ !

Treffen wir uns _____ sechs vor dem

Kino? Dann haben wir 30 Minuten Zeit.

Wir gehen in _____ Eisdiele. Markus

Lektion 4 — ANDERE LÄNDER, ANDERE SPRACHEN

A 1 Wo oder woher? Stell die Frage.

1. • Ich komme aus Meiningen. • *Wie bitte? Woher kommst du?*
2. • Ich wohne in Limburg. • *Wie bitte? Wo*
3. • Ich komme aus Krefeld. •
4. • Ich wohne in Furtwangen. •
5. • Ich wohne in Erbach. •

2 Wo oder woher? Ergänze und antworte.

1. •   wohnst du? •
2. •   kommt Mesut? •
3. •   liegt Innsbruck? •
4. •   wohnt Marco? •
5. •   kommst du? •

3 Aus oder in? Ergänze.

1. Ali kommt   der Türkei, aber er wohnt   Deutschland.
2. Ich komme   Hamburg. Und du? Kommst du auch   Hamburg?
3. Ich komme   Österreich, aber ich wohne   England.
4. • Was spricht man   Deutschland? •   Deutschland spricht man Deutsch.
5. • Wohnst du   Frankfurt? • Ja, ich wohne hier   Frankfurt.

4 Länder und Sprachen. Ordne zu.

1. ___ Russland		a. Japanisch
2. ___ Griechenland		b. Englisch
3. ___ Polen		c. Portugiesisch
4. ___ China		d. Russisch
5. ___ Japan		e. Spanisch
6. ___ Mexiko		f. Griechisch
7. ___ die Türkei		g. Polnisch
8. ___ Australien		h. Türkisch
9. ___ Portugal		i. Chinesisch

5 Wo liegt das? Schreib Sätze.

1. Das ist Rom. Rom liegt in Italien.

2. _____

3. _____

4. _____

5. _____

6. _____

6 Das Verb *sprechen*. Welche Form passt? Ergänze.

1. Ich komme aus Italien. Ich _____ Italienisch.

2. Daniel _____ perfekt Englisch. Seine Mutter ist aus London.

3. Ich _____ sehr gut Englisch, aber ich _____ kein Wort Französisch.

4. Welche Sprachen _____ du?

5. • _____ du Spanisch? • Nein, ich _____ nur Deutsch.

6. • Was _____ Herr Rodriguez? • Er kommt aus Madrid, er _____ Spanisch.

7 Ergänze die Tabelle.

	kommen	sprechen
ich		
du		
er, sie, es, man		
wir		
ihr		
sie, Sie		

8 Bilde Sätze wie im Beispiel.

In Japan spricht man Japanisch.
Und in deinem Land?

I

In Italien spricht man Italienisch.

Man spricht in Italien Italienisch.

D

GB

F

9 Woher kommen sie? Hör zu und kreuze an. > HÖREN ▶ 12

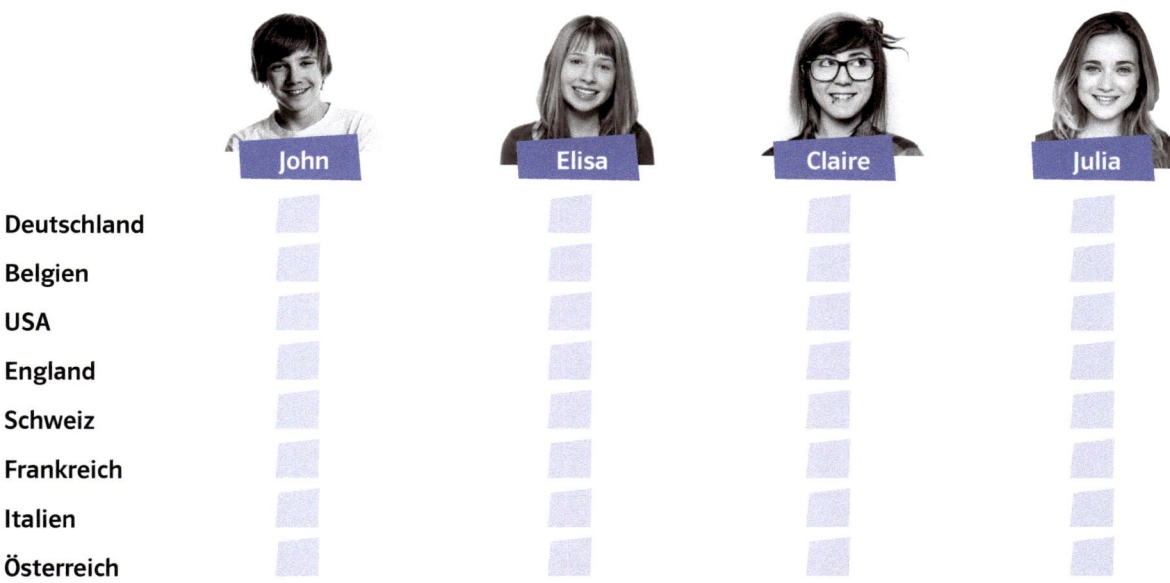

	John	Elisa	Claire	Julia
Deutschland				
Belgien				
USA				
England				
Schweiz				
Frankreich				
Italien				
Österreich				

10 Hör zu und kreuze an. Dann ergänze die Informationen. > HÖREN ▶ 13

Patrick

	Sehr gut!	Nicht so gut.	Kein Wort.
Deutsch			
Englisch			
Französisch			
Spanisch			
Italienisch			
Polnisch			

Monika

	Sehr gut!	Nicht so gut.	Kein Wort.
Deutsch			
Englisch			
Französisch			
Spanisch			
Italienisch			
Polnisch			

Patrick spricht sehr gut _____ , aber er spricht nicht so gut _____

Monika _____

B 11 Welches Land ist das? Ergänze die Buchstaben.

1. ☐ ☐ A K ☐ I C ☐

2. ☐ S E ☐ ☐ I H

3. S ☐ W ☐ Z

4. D ☐ T ☐ H ☐ ☐ D

5. ☐ N G ☐ ☐ ☐ D

6. S ☐ ☐ ☐ E N

7. T ☐ K ☐ ☐

8. G R ☐ ☐ ☐ H ☐ ☐ L ☐ D

12 Was spricht man wo? Erkenne die Länder und ergänze.

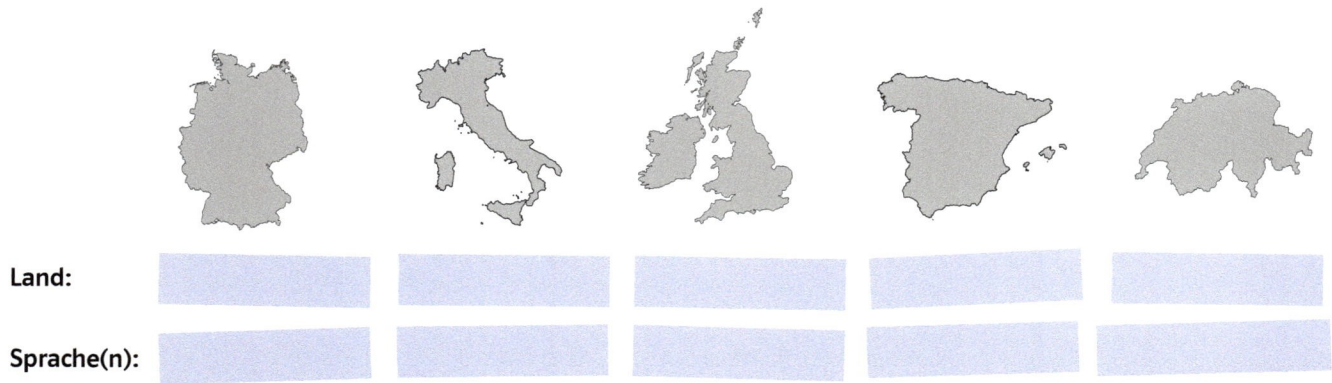

Land:

Sprache(n):

13 Woher kommen die Jugendlichen? Schreib Sätze.

Fabio kommt aus Italien. Pierre

14 Bilde Sätze.

1. Deutschland / Herr Füsli / wohnen / in / aus / kommen / aber / er / Schweiz / der

2. Herr Fischer / kommen / Deutschland / aus / aber / Österreich / in / wohnen / er

3. Türkei / Herr Özdemir / aus / kommen / der / Deutschland / er / aber / wohnen / in

4. Spanien / aus / Frau Gonzales / kommen / wohnen / sie / in / aber / Frankreich

5. Frau Mezoued / kommen / wohnen / aus / in / aber / sie / Marokko / Italien

6. Frau Dupont / Frankreich / Schweiz / kommen / wohnen / sie / aber / in / aus / der

15 Stell die Personen vor.

Name	Klaus Weber
Alter	35
Herkunft	München
Wohnort	Berlin
Beruf	Manager
Sprachen	Deutsch, Englisch

Das ist Herr Weber. Er ist 35 Jahre alt. Er kommt

Name	Justine Dupont
Alter	25
Herkunft	Lyon, Frankreich
Wohnort	Genf, die Schweiz
Beruf	PR-Assistentin
Sprachen	Französisch, Italienisch

Name	Ingo
Alter	14
Herkunft	Hamburg
Wohnort	Wien, Österreich
Beruf	Schüler
Sprachen	Deutsch, Englisch

C 16 Nationalitäten. Bilde Sätze wie im Beispiel.

Herr Özdemir (TR)   Herr Müller (D)   Herr Johnson (GB)   Frau Rodriguez (E)

Frau Rossi (I)   Herr Galanis (GR)   Frau Dupont (F)   Frau Gruber (A)

Herr Özdemir kommt aus der Türkei. Er ist Türke.

17 Bilde Sätze wie im Beispiel.

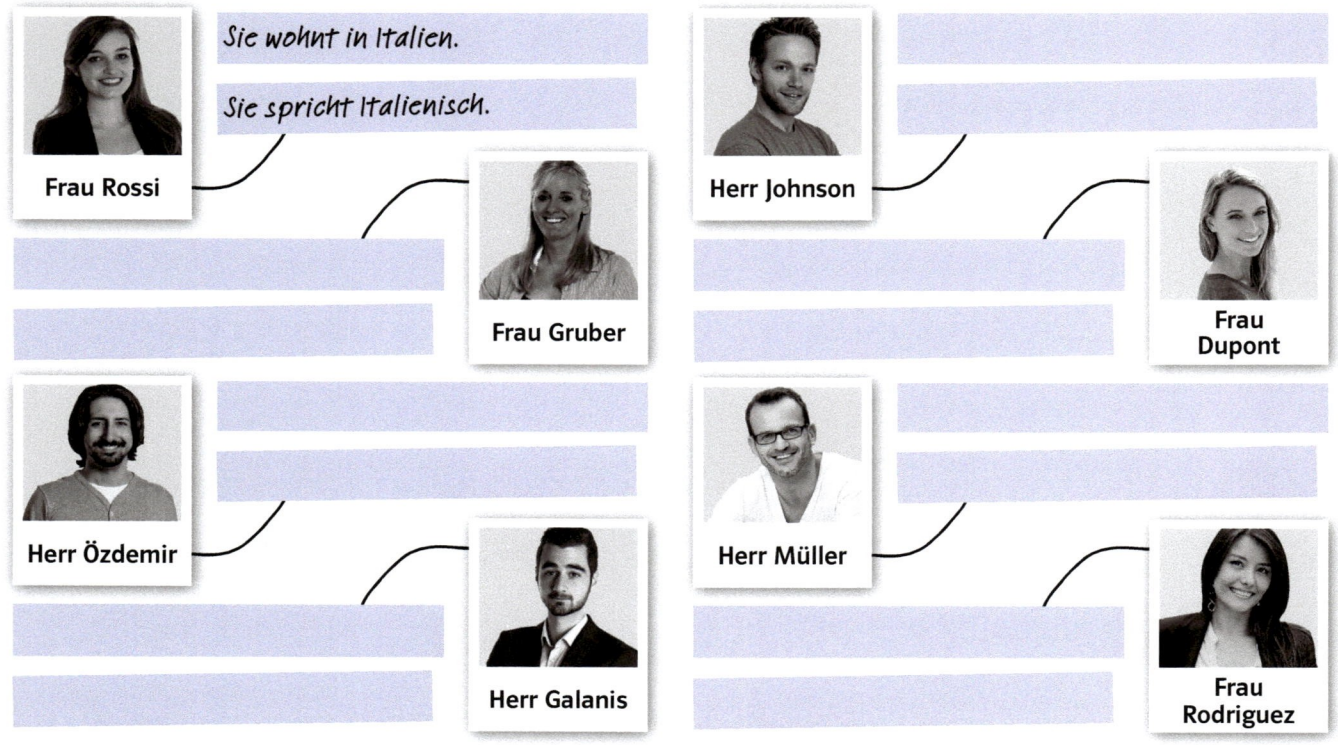

Frau Rossi — *Sie wohnt in Italien.*
Sie spricht Italienisch.

Frau Gruber

Herr Özdemir

Herr Galanis

Herr Johnson

Frau Dupont

Herr Müller

Frau Rodriguez

18 Ergänze die Sätze.

1. Frau Rossi _____ in Italien.

2. Frau Gruber _____ aus Österreich.

3. Herr Özdemir _____ Türkisch.

4. Herr Galanis _____ Grieche.

5. Herr Johnson _____ aus England.

6. Frau Dupont _____ in Frankreich.

7. Frau Rodriguez _____ Spanisch.

8. Frau Gruber und Herr Müller _____ Deutsch.

19 Engländer oder Engländerin? Kreuze an.

1. Herr Müller ist ☐ Deutsche ☐ Deutscher

2. Frau Dupont ist ☐ Französin ☐ Franzose

3. Herr Gruber ist ☐ Österreicherin ☐ Österreicher

4. Herr Rodriguez ist ☐ Spanier ☐ Spanierin

5. Frau Özdemir ist ☐ Türkin ☐ Türke

6. Frau Galanis ist ☐ Grieche ☐ Griechin

20 Was passt zusammen? Ordne zu.

1. ☐ Wer ist das?   **a.** Nur ein paar Worte.

2. ☐ Woher kommt Frau Füsli?   **b.** Italienisch und Deutsch.

3. ☐ Spricht Frau Füsli Italienisch?   **c.** In Österreich.

4. ☐ Woher kommst du?   **d.** Das ist Rita Füsli.

5. ☐ Was macht Herr Böhm?   **e.** Sie kommt aus der Schweiz.

6. ☐ Wohnt Mesut in der Türkei?   **f.** Er arbeitet in Frankfurt.

7. ☐ Wo liegt Salzburg?   **g.** Aus Italien.

8. ☐ Welche Sprachen sprichst du?   **h.** Nein, er wohnt in Deutschland.

21 Stell die Fragen.

● _____   ● _____

● Ich komme aus Rom.   ● In Italien und in der Schweiz.

● _____   ● _____

● Nein, er kommt aus der Türkei.   ● Ja, das ist Herr Weigel.

● _____   ● _____

● Sie wohnt in Berlin.   ● Deutsch, Französisch und Italienisch.

● _____   ● _____

● Ich spreche Deutsch und Englisch.   ● Nein, aus Österreich.

22 Wo, *wohin* oder *woher*? Ergänze die Fragen und antworte.

1. • _____ liegt Augsburg? (Süddeutschland)   • _____
2. • _____ kommt Ali? (die Türkei)   • _____
3. • _____ wohnt Frau Gruber? (Innsbruck)   • _____
4. • _____ geht Timo heute Abend? (das Kino)   • _____
5. • _____ kommt Laura? (Italien)   • _____
6. • _____ wohnt Frau Rodriguez? (Madrid)   • _____
7. • _____ gehen wir um 16.00 Uhr? (die Turnhalle)   • _____
8. • _____ gehst du am Nachmittag? (der Park)   • _____

23 Interviews. Hör zu und kreuze an. > HÖREN ▶ 14

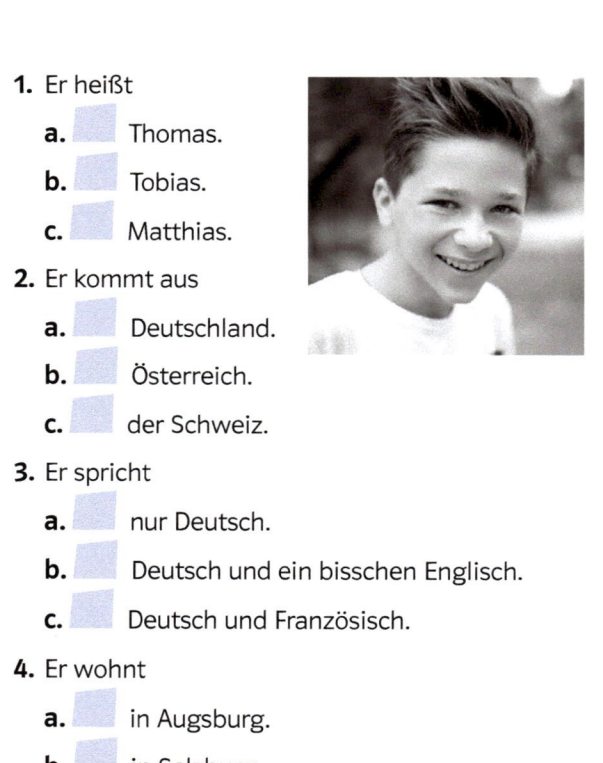

1. Er heißt
   a. ☐ Thomas.
   b. ☐ Tobias.
   c. ☐ Matthias.
2. Er kommt aus
   a. ☐ Deutschland.
   b. ☐ Österreich.
   c. ☐ der Schweiz.
3. Er spricht
   a. ☐ nur Deutsch.
   b. ☐ Deutsch und ein bisschen Englisch.
   c. ☐ Deutsch und Französisch.
4. Er wohnt
   a. ☐ in Augsburg.
   b. ☐ in Salzburg.
   c. ☐ in Hamburg.

1. Sie heißt
   a. ☐ Karin.
   b. ☐ Christine.
   c. ☐ Katharina.
2. Sie kommt aus
   a. ☐ Deutschland.
   b. ☐ Österreich.
   c. ☐ Südtirol.
3. Sie spricht
   a. ☐ nur Deutsch.
   b. ☐ Deutsch und Italienisch.
   c. ☐ nur Italienisch.
4. Sie wohnt
   a. ☐ in München.
   b. ☐ in Mainz.
   c. ☐ in Meran.

24 Was weißt du über die Jugendlichen? Erzähle.

Wörtertraining

1 Identifiziere Länder.

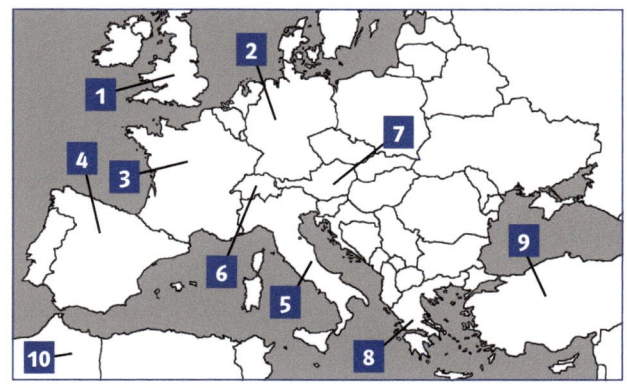

1.	6.
2.	7.
3.	8.
4.	9.
5.	10.

Vielleicht erkennst du noch andere Länder?

2 Ergänze die Informationen.

Name:	Robert Lewandowski	Lena Meyer-Landrut	Pharell Williams
Herkunft:			
Nationalität:			
Sprache(n):			
Beruf:			

3 Ergänze die Tabelle.

Name:	Nicole	B		Studentin
A	20	S		Ungarisch, Englisch, Spanisch
Herkunft:	Budapest, Ungarn			
W	Barcelona, Spanien	H		Sport, Fremdsprachen

Lektion 5 — DER, DIE, DAS

A 1 *Der*, *die* oder *das*? Ordne zu.

Kuli · Schultasche · Handy · Mathebuch · Mappe · Ordner · Magazin · Uhr · Poster · Marker · Flöte · Mäppchen · Lampe · Deutschheft · Laptop

der			

die			

das			

2 Schreib deine Beispiele.

der	die	das

3 Wie sind die Gegenstände? Schreib Sätze wie im Beispiel.

das Magazin   neu
das Handy   bunt
der Laptop   interessant
die Schultasche   kaputt
die Uhr   langsam
der Marker   schwer
das Mäppchen   langweilig
der Atlas   praktisch
das Buch   teuer

Der Marker ist neu.

4 *Er*, *sie* oder *es*? Verbinde.

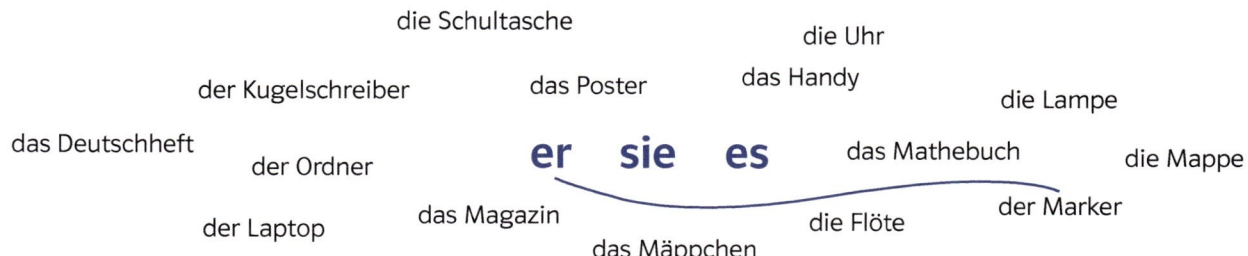

die Schultasche

die Uhr

das Handy

der Kugelschreiber   das Poster

die Lampe

das Deutschheft   **er   sie   es**   das Mathebuch   die Mappe

der Ordner

der Laptop   das Magazin   die Flöte   der Marker

das Mäppchen

5 Antworte wie im Beispiel.

1. ● Ist das Buch langweilig?

   ● *Ja, es ist langweilig.*

2. ● Ist die Uhr altmodisch?

   ●

3. ● Ist das Handy teuer?

   ●

4. ● Ist der Laptop langsam?

   ●

5. ● Ist das Poster neu?

   ●

6. ● Ist der Atlas bunt?

   ●

7. ● Ist die Schultasche schwer?

   ●

8. ● Ist das Magazin interessant?

   ●

9. ● Ist der Marker kaputt?

   ●

10. ● Ist die Flöte braun?

    ●

6 Was kostet das? Hör zu und notiere die Preise. > HÖREN ⊙ 15

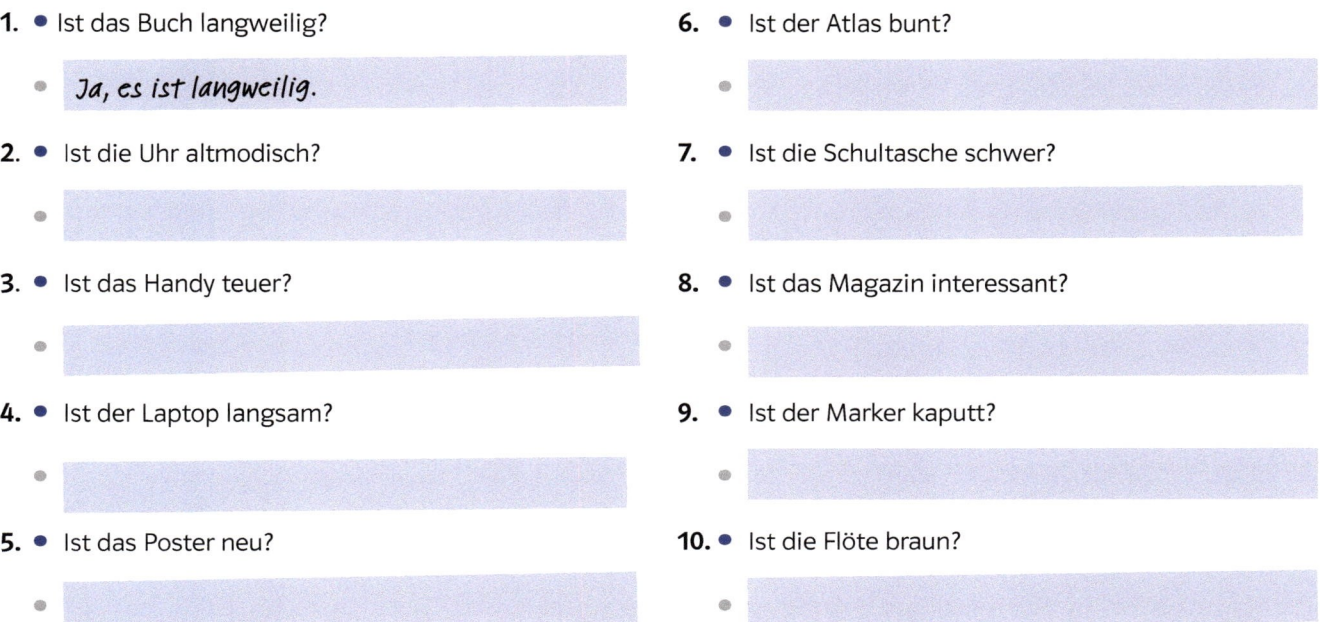

€   €   €   €

€   €   €   €

7 *Der, die* oder *das*? *Er, sie* oder *es*? Ergänze.

1. [____] Schultasche ist cool. [____] kostet nur [____] €.
2. [____] Poster ist schön. [____] kostet [____] €.
3. [____] Laptop ist modern. [____] kostet [____] €.
4. [____] Mappe ist teuer. [____] kostet [____] €.
5. [____] Uhr ist billig. [____] kostet nur [____] €.
6. [____] Mäppchen ist praktisch. [____] kostet [____] €.
7. [____] Ordner ist orange. [____] kostet [____] €.
8. [____] Magazin ist aktuell. [____] kostet [____] €.

Mein Smartphone ist super!

8 *Ein* oder *eine*? Ergänze.

[____] Mathebuch	[____] Laptop	[____] Schultasche	[____] Poster
[____] Flöte	[____] Ordner	[____] Mäppchen	[____] Kugelschreiber
[____] Handy	[____] Lampe	[____] Marker	
[____] Deutschheft	[____] Uhr	[____] Magazin	

9 Immer nein! Schreib die Sätze wie im Beispiel.

● Ein Buch?

○ *Nein, kein Buch, eine Mappe!*

● Ein Mäppchen?

○ *Nein,*

● Ein Ordner?

○ *Nein,*

● Ein Kugelschreiber?

○ *Nein,*

● Eine Flöte?

○ *Nein,*

● Ein Magazin?

○ *Nein,*

10 Schreib Sätze wie im Beispiel.

1. ● Ist das ein Ordner?

● *Nein, das ist kein Ordner!*

2. ● Ist das eine Uhr?

●

3. ● Ist das ein Laptop?

●

4. ● Ist das eine Lampe?

●

5. ● Ist das ein Poster?

●

6. ● Ist das ein Handy?

●

7. ● Ist das eine Mappe?

●

8. ● Ist das ein Mäppchen?

●

B 11 Ergänze die Verben.

lesen · brauchen · haben · schreiben · machen · korrigieren · haben · finden

1. Wir _____ morgen das Mathebuch.

2. Wir _____ die Übung auf Seite 57.

3. Wir _____ den Text auf Seite 103.

4. Ich _____ kein Mathebuch.

5. Ich _____ den Text so langweilig!

6. Ihr _____ den Aufsatz für morgen.

7. Wir _____ jetzt die Hausaufgaben.

8. Wir _____ die Hausaufgaben leider nicht.

12 Was passt zusammen? Ordne zu.

1. ___ Was liest du?

2. ___ Was machst du?

3. ___ Was ist das?

4. ___ Hast du einen Atlas?

5. ___ Hast du das Matheheft dabei?

6. ___ Wie ist der Text?

7. ___ Brauchst du den Laptop?

8. ___ Wie findest du die Übung?

a. Hier ist das Matheheft!

b. Nein, den Laptop brauche ich nicht.

c. Den Zeitungsartikel.

d. Ich finde die Übung kompliziert.

e. Ich schreibe den Aufsatz.

f. Ich habe keinen Atlas.

g. Er ist langweilig.

h. Das Handy von Timo.

13 Nominativ oder Akkusativ? Kreuze an.

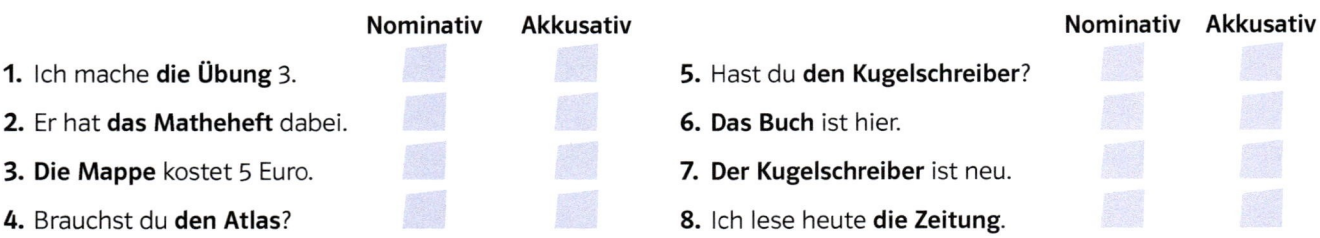

	Nominativ	Akkusativ
1. Ich mache **die Übung** 3.	☐	☐
2. Er hat **das Matheheft** dabei.	☐	☐
3. Die Mappe kostet 5 Euro.	☐	☐
4. Brauchst du **den Atlas**?	☐	☐

	Nominativ	Akkusativ
5. Hast du **den Kugelschreiber**?	☐	☐
6. Das Buch ist hier.	☐	☐
7. Der Kugelschreiber ist neu.	☐	☐
8. Ich lese heute **die Zeitung**.	☐	☐

14 Ergänze die Tabelle.

	maskulin	feminin	neutral	Plural
Nominativ	der Atlas	die Übung	_____ Matheheft	die Hausaufgaben
Akkusativ	_____ Atlas	_____ Übung	_____ Matheheft	*die* Hausaufgaben

15 Ergänze die Sätze.

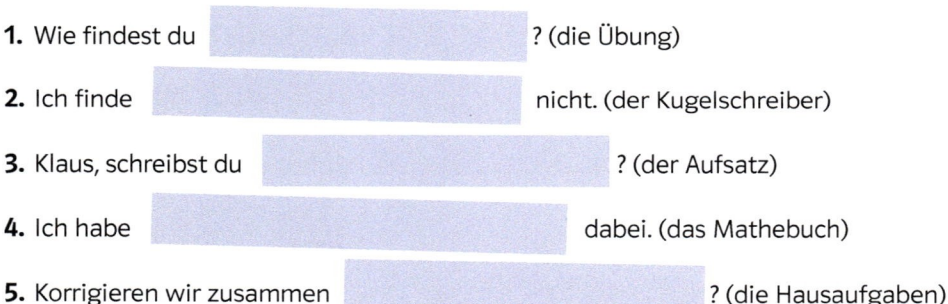

1. Wie findest du _____ ? (die Übung)

2. Ich finde _____ nicht. (der Kugelschreiber)

3. Klaus, schreibst du _____ ? (der Aufsatz)

4. Ich habe _____ dabei. (das Mathebuch)

5. Korrigieren wir zusammen _____ ? (die Hausaufgaben)

16 *Den, die* oder *das*? Ergänze.

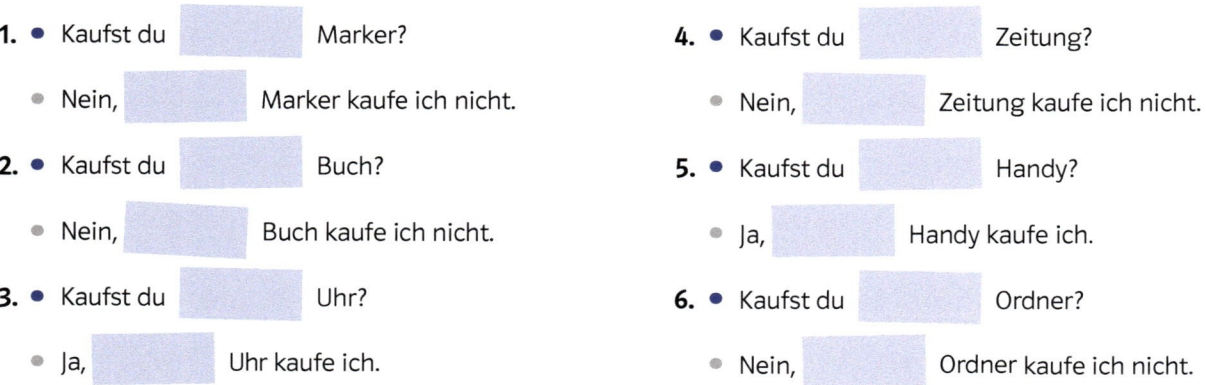

1. • Kaufst du _____ Marker?

○ Nein, _____ Marker kaufe ich nicht.

2. • Kaufst du _____ Buch?

○ Nein, _____ Buch kaufe ich nicht.

3. • Kaufst du _____ Uhr?

○ Ja, _____ Uhr kaufe ich.

4. • Kaufst du _____ Zeitung?

○ Nein, _____ Zeitung kaufe ich nicht.

5. • Kaufst du _____ Handy?

○ Ja, _____ Handy kaufe ich.

6. • Kaufst du _____ Ordner?

○ Nein, _____ Ordner kaufe ich nicht.

17 Was brauchen die Jugendlichen heute?

Tobias braucht heute den Laptop.

18 Bilde Sätze.

1. Matheheft / nicht / finden / das / ich

2. korrigieren / Aufsatz / morgen / den / wir

3. Text / so / sein / langweilig / der

4. den / Herr Meier / Zeitungsartikel / lesen

5. Schüler / die / den / lesen / Text / auf Seite 87

6. brauchen / Timo / den / heute / nicht / Laptop

C 19 Was passt zusammen? Ordne zu.

1. ___ Was nimmst du?

2. ___ Ein Wurstbrot?

3. ___ Was trinkst du?

4. ___ Was isst du in der Pause?

5. ___ Möchtest du einen Hamburger?

6. ___ Eine Cola?

a. Ich esse einen Schokoriegel.

b. Einen Hamburger, bitte.

c. Ja, gern!

d. Nein, lieber einen Apfelsaft.

e. Nichts, ich habe keinen Durst.

f. Nein, danke, ich habe keinen Hunger.

20 (K)einen, (k)eine oder (k)ein? Ergänze.

1. ● Nimmst du *eine* Portion Pommes?
   ● Nein, danke, *keine* Portion Pommes.

2. ● Nimmst du _____ Hamburger?
   ● Nein, danke _____ Hamburger.

3. ● Nimmst du _____ Schinkenbrot?
   ● Nein, danke _____ Schinkenbrot.

4. ● Trinkst du _____ Mineralwasser?
   ● Nein, danke _____ Mineralwasser.

5. ● Trinkst du _____ Cola?
   ● Nein, danke _____ Cola.

6. ● Trinkst du _____ Apfelsaft?
   ● Nein, danke _____ Apfelsaft.

21 Ergänze die Tabelle.

	nehmen	essen
ich		
du	*nimmst*	*isst*
er, sie, es		
wir		
ihr		
sie, Sie		

Ich bin so hungrig!
Ich nehme …

22 Das Verb *nehmen*. Welche Form passt? Ergänze.

1. Ich _____ einen Hamburger. Was _____ du?

2. ● Was _____ Markus und Moni?
   ● Markus _____ eine Bratwurst. Moni _____ eine Pizza.

3. ● Also Jungs, was _____ wir?
   ● Wir _____ alle Hamburger mit Pommes.

4. ● Und Sie, Frau Stein, was _____ Sie?
   ● Ich _____ nichts. Ich habe keinen Hunger.

5. ● _____ ihr auch Pommes?
   ● Natürlich _____ wir Pommes!

23 Bilde Sätze.

Bei McRonald's — esse / isst / essen — Tobias / die Kinder / ich / Max und Timo / wir / Frau Roth — einen / eine / ein — Frikadelle. / Hamburger. / Portion Pommes. / Bratwurst. / Stück Pizza. / Salat.

24 *Möchte*, *möchtest* oder *möchten*? Ergänze.

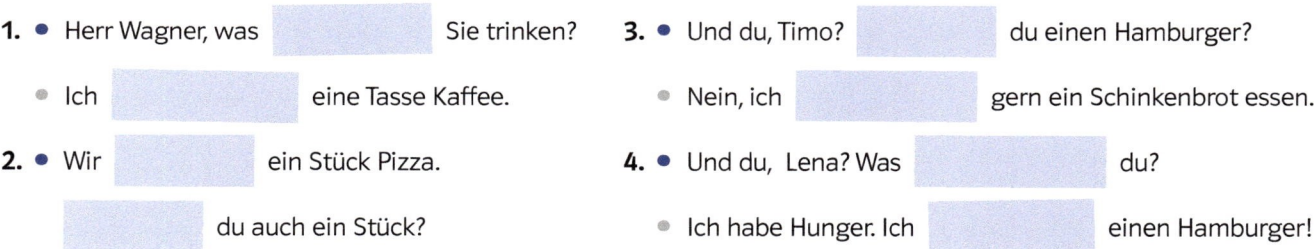

1. ● Herr Wagner, was _____ Sie trinken?

● Ich _____ eine Tasse Kaffee.

2. ● Wir _____ ein Stück Pizza.

_____ du auch ein Stück?

3. ● Und du, Timo? _____ du einen Hamburger?

○ Nein, ich _____ gern ein Schinkenbrot essen.

4. ● Und du, Lena? Was _____ du?

○ Ich habe Hunger. Ich _____ einen Hamburger!

25 Was kostet das? Hör zu und notiere die Preise. > HÖREN ▶ 16

_____ €   _____ €   _____ €   _____ €

_____ €   _____ €   _____ €   _____ €

26 Ergänze frei.

Ich habe Hunger. Ich esse _____

Ich habe Durst. Ich trinke _____

27 Was essen die Jugendlichen in der Pause?

Pia isst einen Schokoriegel.

28 *Einen*, *eine* oder *ein*? Ergänze die Sätze.

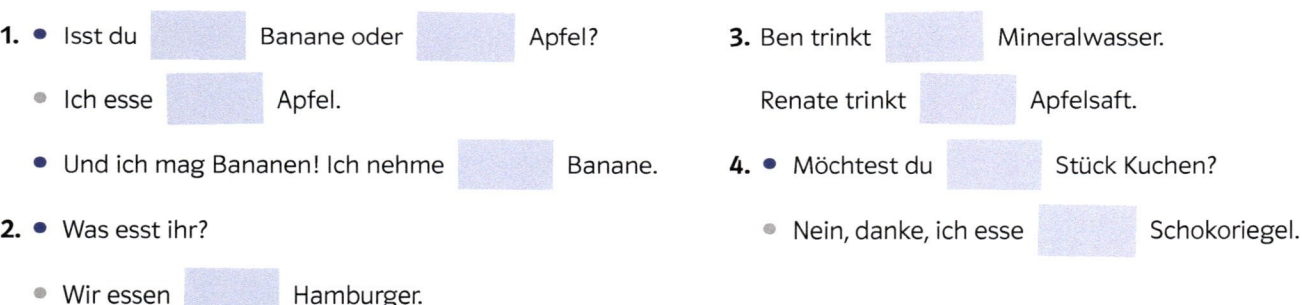

1. ● Isst du ____ Banane oder ____ Apfel?

   ● Ich esse ____ Apfel.

   ● Und ich mag Bananen! Ich nehme ____ Banane.

2. ● Was esst ihr?

   ● Wir essen ____ Hamburger.

3. Ben trinkt ____ Mineralwasser.

   Renate trinkt ____ Apfelsaft.

4. ● Möchtest du ____ Stück Kuchen?

   ● Nein, danke, ich esse ____ Schokoriegel.

29 Stell die Frage.

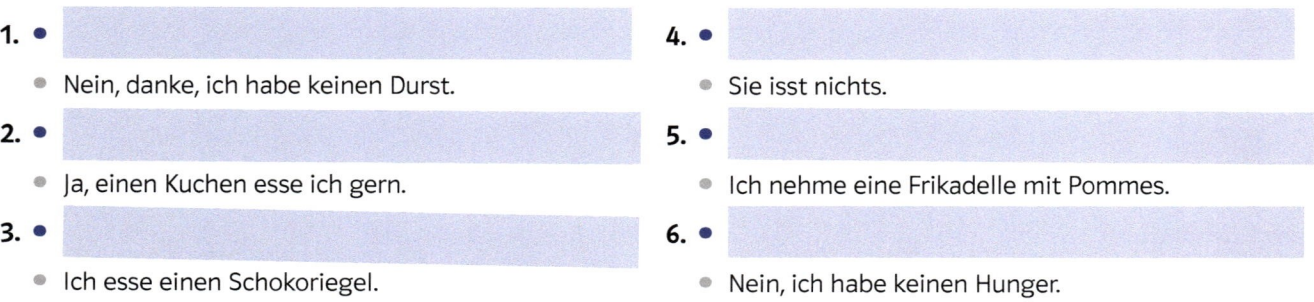

1. ● ____

   ● Nein, danke, ich habe keinen Durst.

2. ● ____

   ● Ja, einen Kuchen esse ich gern.

3. ● ____

   ● Ich esse einen Schokoriegel.

4. ● ____

   ● Sie isst nichts.

5. ● ____

   ● Ich nehme eine Frikadelle mit Pommes.

6. ● ____

   ● Nein, ich habe keinen Hunger.

Wörtertraining

1 Was haben Jugendliche in der Schule zum Essen dabei? Was nicht?

Hamburger • Apfel • Suppe • Banane • Steak • Butterbrot

1. Martha hat eine _____ dabei.

2. Sebastian hat einen _____ mit.

3. Lisa hat ein _____ dabei.

4. Martha hat keinen _____ mit.

5. Sebastian hat kein _____ dabei.

6. Lisa hat keine _____ mit.

2 Was essen und trinken Joachim und Anke?

Joachim isst _____

und trinkt _____

Anke isst _____

und trinkt _____

3 Welche Wörter passen?

Was ist praktisch? _____

Was ist interessant? _____

Was ist langweilig? _____

Was ist modern? _____

4 Lies die SMS von Pia und ergänze die Antwort von Michael.

Hi, Michael!

Was brauchen wir morgen für den

Unterricht?

Eine Flöte?

Pia

Hallo, Pia! Keine Flöte! Wir brauchen

den _____ ,

die _____

und das _____ .

Bis morgen! Michael

Bild- und Quellennachweis

3 Shutterstock (Phovoir), New York; 4 Shutterstock (Dmitry Kalinovsky), New York; 5 Shutterstock (Monkey Business Images), New York; 6 Thinkstock (Mark Hunt), München; 9.2 Thinkstock (karandaev), München; 10.1 Thinkstock (Comstock), München; 10.2 Thinkstock (Mark Hunt), München; 10.3 Shutterstock (Syda Productions), New York; 10.4 Thinkstock (MonikaBeitlova), München; 12.1 Thinkstock (Sergey Peterman), München; 12.2 Thinkstock (Feng Yu), München; 12.3 Thinkstock (Ryan McVay), München; 12.4 Thinkstock (bodym), München; 12.5 Shutterstock (Sandra van der Steen), New York; 12.6 Thinkstock (Valterzenga1980), München; 12.7 Thinkstock (Ilya_Starikov), München; 12.8 Thinkstock (dononeg), München; 12.9 Thinkstock (Gti861), München; 12.10 Thinkstock (terex), München; 12.11 Thinkstock (NuStock), München; 12.12 Thinkstock (Coprid), München; 13 Thinkstock (Monkey Business Images), München; 15.1 Thinkstock (omgimages), München; 15.2 grundmanngestaltung, Karlsruhe; 16.1 Thinkstock (Goodshoot), München; 16.2 Thinkstock (Mavermick), München; 16.3 Thinkstock (ivanadb), München; 16.4 Thinkstock (DragonImages), München; 16.5 Thinkstock (LIVINUS), München; 16.6 Thinkstock (ATELIER211), München; 16.7 Thinkstock (Davis McCardle), München; 16.8 Thinkstock (Thinkstock Images), München; 16.9 Thinkstock (TomasSereda), München; 16.10 Thinkstock (olli0815), München; 17 grundmanngestaltung, Karlsruhe; 18.1 Thinkstock (Zeljko Bozic), München; 18.2 Shutterstock (bikeriderlondon), New York; 18.3 Thinkstock (Minh Tang), München; 18.4 Shutterstock (Kzenon), New York; 19.1 Thinkstock (Zeljko Bozic), München; 19.2 Thinkstock (rvlsoft), München; 19.3 Thinkstock (_human), München; 19.4 Thinkstock (manfredxy), New York; 21.1 Thinkstock (yuryRumovsky), München; 21.2 Thinkstock (Szepy), München; 21.3 Thinkstock (ferlistockphoto), München; 21.4 Thinkstock (m-imagephotography), München; 21.5 Thinkstock (Digital Vision.), München; 22 Thinkstock (stefanphoto), München; 24.1 Shutterstock (Monkey Business Images), New York; 24.2 iStockphoto (indy Singleton), Calgary, Alberta; 24.3 Thinkstock (Comstock Images), München; 24.4 Thinkstock (Comstock), München; 24.5 Thinkstock (Daisy-Daisy), München; 24.6 Thinkstock (Jupiterimages), München; 25.1 Thinkstock (Oleksiy Mark), München; 25.2 Thinkstock (DimaBerkut), München; 25.3 Thinkstock (mitakag), München; 25.4 Thinkstock (Noppasin Wongchum), München; 25.5 Thinkstock (bluejayphoto), München; 25.6 Thinkstock (VvoeVale), München; 25.7 Thinkstock (Comstock), München; 25.8 iStockphoto (indy Singleton), Calgary, Alberta; 25.9 Thinkstock (Jupiterimages), München; 25.10 Shutterstock (Monkey Business Images), New York; 25.11 Thinkstock (Daisy-Daisy), München; 25.12 Thinkstock (Comstock Images), München; 26.1 Thinkstock (LuminaStock), München; 26.2 Shutterstock (lithian), New York; 27.1 Shutterstock (Nejron Photo), New York; 27.2 Shutterstock (goodluz), New York; 27.3 grundmanngestaltung, Karlsruhe; 30 grundmanngestaltung, Karlsruhe; 31.1 Shutterstock (auremar), New York; 31.2 Shutterstock (Monkey Business Images), New York; 31.3 grundmanngestaltung, Karlsruhe; 32.1 Thinkstock (Zeljko Bozic), München; 32.2 Shutterstock (auremar), New York; 32.3 iStockphoto (Shelly Perry), Calgary, Alberta; 32.4 Thinkstock (bowdenimages), München; 33.1 Thinkstock (Zeljko Bozic), München; 33.2 Shutterstock (solominviktor), New York; 35.1 Thinkstock (Ableimages), München; 35.2 Thinkstock (Andersen Ross), München; 35.3 Thinkstock (SerrNovik), München; 35.4 Thinkstock (Jupiterimages), München; 35.5 Thinkstock (Plush Studios), München; 35.6 Thinkstock (Monkey Business Images), München; 35.7 Thinkstock (Monkey Business Images Ltd), München; 35.8 Thinkstock (Peter M. Fisher/Fuse), München; 37.1 Thinkstock (moodboard), München; 37.2 Thinkstock (rafaul), München; 37.3 Thinkstock (mir-a), München; 37.4 Thinkstock (MihailDechev), München; 38.1 Thinkstock (DGLimages), München; 38.2 Thinkstock (Purestock), München; 38.3 Thinkstock (Purestock), München; 38.4 Thinkstock (Wavebreakmedia Ltd), München; 38.5 Thinkstock (Jack Hollingsworth), München; 38.6 Thinkstock (Tuned_In), München; 38.7 Thinkstock (golero), München; 38.8 Thinkstock (iconarts), München; 39.1 grundmanngestaltung, Karlsruhe; 42 grundmanngestaltung, Karlsruhe; 43.1 Shutterstock (Chris Warham), New York; 43.2 Shutterstock (Golden Pixels LLC), New York; 43.3 Shutterstock (Peter Scholz), New York; 43.4 Shutterstock (ptnphoto), New York; 43.5 grundmanngestaltung, Karlsruhe; 44.1 Thinkstock (Zeljko Bozic), München; 44.2 Thinkstock (CREATISTA), München; 45 Thinkstock (Zeljko Bozic), München; 46 Thinkstock (alexdndz), München; 49.1 Shutterstock (Olha Insight), New York; 49.2 Shutterstock (Julinzy), New York; 50.1 Shutterstock (lightwavemedia), New York; 50.2 Shutterstock (racorn), New York; 50.3 Shutterstock (leungchopan), New York; 50.4 Thinkstock (Monsterstock1), München; 50.5 Shutterstock (Belinka), New York; 50.6 Shutterstock (Andresr), New York; 50.7 Shutterstock (Daniel M Ernst), New York; 50.8 Shutterstock (Goodluz), New York; 50.9 Thinkstock (sylv1rob1), München; 50.10 Thinkstock (sylv1rob1), München; 50.11 Shutterstock (Monkey Business Images), New York; 51.1 Thinkstock (Monsterstock1), München; 51.2 Shutterstock (racorn), New York; 51.3 Shutterstock (Andresr), New York; 51.4 Shutterstock (Daniel M Ernst), New York; 51.5 Shutterstock (Monkey Business Images), New York; 52.1 Shutterstock (Alexander Raths), New York; 52.2 Shutterstock (Andresr), New York; 53 grundmanngestaltung, Karlsruhe; 56 grundmanngestaltung, Karlsruhe; 57.1 Thinkstock (sianc), München; 57.2 Shutterstock (Daxiao Productions), New York; 57.3 Thinkstock (JohnnyGreig), München; 57.4 Thinkstock (Purestock), München; 57.5 Shutterstock (Zurijeta), New York; 57.6 grundmanngestaltung, Karlsruhe; 58.1 Thinkstock (Zeljko Bozic), München; 58.2 Shutterstock (Monkey Business Images), New York; 59.1 Thinkstock (Zeljko Bozic), München; 59.2 Shutterstock (Dmitry Kalinovsky), New York; 61.1 Thinkstock (Hemera Technologies), München; 61.2 Thinkstock (Anke Van wyk), München; 61.3 Shutterstock (CoraMax), New York; 61.4 Shutterstock (N Azlin Sha), New York; 61.5 Thinkstock (digitalgenetics), München; 61.6 Thinkstock (Enrique Ramos Lopez), München; 61.7 Thinkstock (SarapulSar38), München; 61.8 Thinkstock (Dmitry Perov), München; 61.9 Thinkstock (Zoonar/unknown), München; 62.2 Shutterstock (Monkey Business Images), New York; 63.1 Thinkstock (yacobchuk), München; 63.2 Shutterstock (Odua Images), New York; 64.1 Thinkstock (Gti861), München; 64.2 Thinkstock (Parfyonova Tatyana), München; 64.3 Thinkstock (Ziviani), München; 64.4 Thinkstock (Zeljko Bozic), München; 64.5 Thinkstock (Zoonar RF), München; 64.6 Thinkstock (Nongbassbasic), München; 64.7 Thinkstock (SDecha), München; 64.8 Thinkstock (Ozii45), München; 64.9 Thinkstock (Zoonar/P.Malyshev), München; 64.10 Thinkstock (selensergen), München; 64.11 Thinkstock (vladvvm), München; 64.12 Thinkstock (Zoonar/unknown), München; 65.1 Thinkstock (tanuha2001), München; 65.2 Thinkstock (unalozmen),

München; 65.3 Thinkstock (karandaev), München; 65.4 Thinkstock (Tirachard), München; 65.5 Thinkstock (ajafoto), München; 65.6 Thinkstock (Ryan McVay), München; 65.7 Thinkstock (harmpeti), München; 65.8 Thinkstock (Oliver Hoffmann), München; 65.9 grundmanngestaltung, Karlsruhe; 68 grundmanngestaltung, Karlsruhe; 69.1 Thinkstock (Tuned_In), München; 69.2 iStockphoto (blackwaterimages), Calgary, Alberta; 69.3 grundmanngestaltung, Karlsruhe; 70.1 Thinkstock (Zeljko Bozic), München; 70.2 Thinkstock (MichaelJay), München; 70.3 Thinkstock (Olesya22), München; 70.4 Thinkstock (ojogabonitoo), München; 70.5 Thinkstock (g-stockstudio), München; 70.6 Thinkstock (rvlsoft), München; 70.7 Thinkstock (Tigatelu), München; 71.1 Thinkstock (Zeljko Bozic), München; 71.2 Thinkstock (rvlsoft), München; 71.3 Thinkstock (Dejan Jovanovic), München; 72 Thinkstock (alexdndz), München; 73 Thinkstock (alexdndz), München; 74.1 iStockphoto (Squaredpixels), Calgary, Alberta; 74.2 Thinkstock (Comstock), München; 74.3 iStockphoto (Linda Kloosterhof), Calgary, Alberta; 74.4 iStockphoto (Vikram Raghuvanshi), Calgary, Alberta; 74.5 iStockphoto (corolanty), Calgary, Alberta; 75.1 Thinkstock (Comstock), München; 75.2 Shutterstock (sylv1rob1), New York; 75.3 Shutterstock (Marcelo Rodriguez), New York; 75.4 Thinkstock (BananaStock), München; 75.5 Shutterstock (Alexander Raths), New York; 75.6 Thinkstock (Jetta Productions), München; 75.7 Shutterstock (Monkey Business Images), New York; 75.8 Shutterstock (sanneberg), New York; 75.9 iStockphoto (andresr), Calgary, Alberta; 75.10 iStockphoto (Juanmonino), Calgary, Alberta; 75.11 iStockphoto (pearlmedia), Calgary, Alberta; 75.12 Thinkstock (Vstock LLC), München; 76.1 Thinkstock (Paffy69), München; 76.2 Thinkstock (karandaev), München; 77.1 Thinkstock (william87), München; 77.2 Shutterstock (Dasha Petrenko), New York; 77.3 Thinkstock (Monkey Business Images Ltd), München; 77.4 Shutterstock (Lisa F. Young), New York; 77.5 Shutterstock (prudkov), New York; 78.1 Shutterstock (prudkov), New York; 78.2 Thinkstock (dolgachov), München; 78.3 Shutterstock (Andy Dean Photography), New York; 79.1 iStockphoto (Wavebreakmedia), Calgary, Alberta; 79.2 Thinkstock (smail çiydem), München; 79.3 Shutterstock (KateStone), New York; 79.4 iStockphoto (SolStock), Calgary, Alberta; 83.1 grundmanngestaltung, Karlsruhe; 83.2 Thinkstock (rvlsoft), München; 83.3 Thinkstock (MonikaBeitlova), München; 84 Thinkstock (lilipom), München; 88 Thinkstock (adriaticfoto), New York; 90.1 Shutterstock (adriaticfoto), New York; 90.2 Shutterstock (Robert Crum), New York; 90.3 iStockphoto (shapecharge), Calgary, Alberta; 90.4 Shutterstock (Dominique Lavoie), New York; 90.5 Shutterstock (sanneberg), New York; 90.6 Shutterstock (Jorg Hackemann), New York; 90.7 Shutterstock (RyFlip), New York; 90.8 Shutterstock (Accord), New York; 92.1 Thinkstock (Hemera Technologies), München; 92.2 Shutterstock (Olena Yakobchuk), New York; 92.3 Shutterstock (Monkey Business Images), New York; 92.4 Shutterstock (Sofia Andreevna), New York; 93.1 grundmanngestaltung, Karlsruhe; 93.2 Shutterstock (bikeriderlondon), New York; 96 Thinkstock (fizkes), München; 100 Shutterstock (pikselstock), New York; 103.1 grundmanngestaltung, Karlsruhe; 103.2 Thinkstock (Jean-philippe WALLET), München; 103.3 Thinkstock (vadimguzhva), München; 103.4 Thinkstock (Kristina Afanasyeva), München; 103.5 Shutterstock (miqu77), New York; 103.6 Thinkstock (rvlsoft), München; 105.1 Thinkstock (moodboard), München; 105.2 Shutterstock (JeniFoto), New York; 105.3 Shutterstock (Jeff Whyte), New York; 105.4 Shutterstock (Andrew Barker), New York; 105.5 Shutterstock (A. Laengauer), New York; 105.6 Shutterstock (Mark52), New York; 105.7 Thinkstock (LG-Photography), München; 106 Thinkstock (leungchopan), München; 107.1 Shutterstock (Max Topchii), New York; 107.2 Thinkstock (Mike Watson Images), München; 107.3 Shutterstock (Fabio Pagani), New York; 107.4 Shutterstock (Image Point Fr), New York; 107.5 Shutterstock (iatlo), New York; 107.6 Shutterstock (MJTH), New York; 108.1 Shutterstock (skvoor), New York; 108.2 Shutterstock (skvoor), New York; 108.3 Shutterstock (skvoor), New York; 108.4 Shutterstock (skvoor), New York; 108.5 Shutterstock (skvoor), New York; 109.1 Shutterstock (auremar), New York; 109.2 Shutterstock (lightwavemedia), New York; 109.3 Shutterstock (DGLimages), New York; 110.1 Thinkstock (sylv1rob1), München; 110.2 Shutterstock (leungchopan), New York; 110.3 Thinkstock (Monsterstock1), München; 110.4 Shutterstock (lightwavemedia), New York; 110.5 Shutterstock (Daniel M Ernst), New York; 110.6 Shutterstock (racorn), New York; 110.7 Thinkstock (sylv1rob1), München; 110.8 Shutterstock (Andresr), New York; 112.1 Shutterstock (morrowlight), New York; 112.2 Shutterstock (Potstock), New York; 113.1 grundmanngestaltung, Karlsruhe; 113.2 Thinkstock (Andreas Rentz), München; 113.3 Thinkstock (Ethan Miller), München; 113.4 Shutterstock (Tomasz Bidermann), New York; 113.5 Shutterstock (racorn), New York; 115.1 Thinkstock (maonakub), München; 115.2 Thinkstock (vladru), München; 115.3 Thinkstock (janscherders), München; 115.4 Thinkstock (popovaphoto), München; 115.5 Thinkstock (popovaphoto), München; 115.6 Thinkstock (selensergen), München; 115.7 Thinkstock (Dmitry Perov), München; 116.1 Thinkstock (Monkey Business Images/Stockbroker), München; 116.2 Thinkstock (Gti861), München; 116.3 Thinkstock (Zoonar/unknown), München; 116.4 Thinkstock (janscherders), München; 116.5 Thinkstock (maonakub), München; 116.6 Thinkstock (showcake), München; 119.1 Thinkstock (WestLight), München; 119.2 Thinkstock (Nongbassbasic), München; 119.3 Thinkstock (maonakub), München; 119.4 Thinkstock (vladru), München; 119.5 Thinkstock (Ozii45), München; 119.6 Thinkstock (Zoonar/unknown), München; 119.7 Thinkstock (James Woodson), München; 119.8 Thinkstock (Jupiterimages), München; 119.9 Thinkstock (Jen Grantham), München; 119.10 Thinkstock (Jupiterimages), München; 119.11 Thinkstock (cwarham), München; 119.12 Thinkstock (Fuse), München; 120 Thinkstock (Christophe Bourloton), München; 121.1 Thinkstock (Kheng ho Toh), München; 121.2 Thinkstock (Tirachard), München; 121.3 Thinkstock (buyit), München; 121.4 Thinkstock (ajafoto), München; 121.5 Thinkstock (tanuha2001), München; 121.6 Thinkstock (Ryan McVay), München; 121.7 Thinkstock (scanrail), München; 121.8 Thinkstock (artphotoclub), München; 121.9 Thinkstock (sylv1rob1), New York; 121.10 Shutterstock (@erics), New York; 122.1 Shutterstock (Aleksandr Markin), New York; 122.2 Shutterstock (FreeProd33), New York; 122.3 Shutterstock (Sabphoto), New York; 122.4 Shutterstock (Luminis), New York; 122.5 Shutterstock (Alan Bailey), New York; 122.6 Shutterstock (alexandre zveiger), New York; 123.1 grundmanngestaltung, Karlsruhe; 123.2 Thinkstock (tanuha2001), München; 123.3 Thinkstock (scanrail), München; 123.4 Thinkstock (Ingram Publishing), München; 123.5 Thinkstock (harmpeti), München; 123.6 Thinkstock (EduLeite), München; 123.7 Thinkstock (Top Photo Corporation), München; 123.8 Thinkstock (rvlsoft), München